La nueva regulación de la sociedad de gananciales

ANTONIO VIESO LLORENTE

27 - II - 1982.

Celestino A. Cano Tello

La nueva regulación de la sociedad de gananciales

Un ensayo sobre la Ley de 13 de mayo de 1981

EDITORIAL CIVITAS, S. A.

Primera edición, 1981

Editorial Civitas, S. A.
Grúcer, 3. Madrid-17
ISBN: 84-7398-162-6
Depósito legal: M. 37.816 - 1981
Printed in Spain. Impreso en España
por Closas-Orcoyen, S. L. Polígono Igarsa
Paracuellos del Jarama (Madrid)

Indice

I. INTRODUCCION

La ley de 13 de mayo de 1981, modificativa, entre otros, de los artículos del Código Civil relativos a la sociedad de gananciales, es una ley de reforma, como no podía menos de suceder. Esencialmente conserva los caracteres generales que configuran su naturaleza y las líneas fundamentales de su regulación, pero de acuerdo con las actuales tendencias derivadas, principalmente, aunque no exclusivamente, de la nueva configuración del matrimonio y de las relaciones entre los cónyuges, como consecuencia de la distinta posición de la mujer en la sociedad y en la familia, junto con otros factores, presenta unas tendencias que, por repetirse en distintos preceptos, constituyen las que podemos considerar líneas esenciales de la reforma.

La conveniencia de conservar el sistema de gananciales no ofrecía duda, pues perduran las mismas razones que impulsaron al legislador a establecerlo. Como decía Manresa a principios de siglo, «el legislador no sólo se ha inspirado en los precedentes patrios, sino principalmente en su bondad intrínseca. Esta bondad es tal, que los mismos autores extranjeros la reconocen, estimando el régimen de gananciales preferible al establecido como legal en sus respectivos países. Laurent confiesa los inconvenientes señalados por Maleville a la comunidad de bienes muebles admitida en el Derecho francés, y añade: «Los hechos han dado la razón a Maleville; puede decirse que la comunidad de ganancias, más o menos modificada, constituye el régimen de todos los que otorgan contrato de matrimonio. Fiore defiende con calor en distintos lugares de su obra sobre la materia un sistema que juzga insustituible para la clase pobre, y debiera ser siempre el legal, atacando con dureza justificada el sistema de separación de bienes» [1].

Si exceptuamos la referencia al sistema francés, que es en la actualidad de comunidad de adquisiciones, las palabras transcritas nos parecen plenamente vigentes. El sistema de gananciales tiene, en nuestra opinión, indudables ventajas sobre cualquier otro. Así lo ha comprendido el legislador al mantenerlo, si bien con la necesaria actualización, tendente a conservar la eficacia del sistema, al ponerlo de acuerdo con las nuevas tendencias que se observan en la sociedad de nuestros días [2].

Los rasgos esenciales de la nueva regulación podemos deducirlos de los diversos preceptos contenidos en la misma y los vamos a exponer a continuación:

En cuanto al origen de la sociedad

1.º Fijación del inicio de las sociedades gananciales de acuerdo con la posibilidad de al-

[1] *Comentarios al Código Civil español,* t. IX, pág. 539, Madrid, 1908.

[2] En la reforma de nuestro Derecho de familia han tenido gran influencia las de los Derechos francés e italiano, principalmente la ley francesa de 14 de julio de 1976.

terar el régimen de bienes durante el matrimonio (arts. 1.345 y 1.374).

En cuanto a la administración y disposición

2.° Aceptación del sistema de codisposición (arts. 1.377 y 1.378).
3.° Frecuente intervención judicial (arts. 1.376, 1.377 y 1.389).
4.° Regulación de los actos de disposición «mortis causa» (arts. 1.379 y 1.380).

En cuanto a la composición del patrimonio ganancial

5.° Clarificación de las normas sobre composición del patrimonio ganancial y privativo, y ampliación de la lista tradicional (artículos 1.346, 1.347 y 1.352).
6.° Atribución de la titularidad en función del principio de subrogación real (arts. 1.354 y 1.347-5.°).
7.° Autonomía en la atribución de la titularidad de los bienes (arts. 1.355-1.°)
8.° Atribución de la titularidad en función del principio de accesoriedad (arts. 1.352-1.° y 1.360).
9.° Atribución de la titularidad en función del principio de accesión (art. 1.359-1.°).
10. Presunción de ganancialidad (arts. 1.361 y 1.355-2.°).

En cuanto al funcionamiento de las masas patrimoniales

11. Principio de actualización de valor (artículos 1.397-2.° y 3.°, y 1.398-2.° y 3.°).

12. Principio de reintegración entre las masas patrimoniales (arts. 1.346 *in fine,* 1.347-4.º, 1.358, 1.359-2.º, 1.364, 1.373-2.º y 1.407 *in fine).*
13. Protección de los intereses personales de los cónyuges (arts. 1.381 y 1.382, 1.406 y 1.407).
14. Fortalecimiento del principio de responsabilidad (arts. 1.369 y 1.370).

En cuanto a la disolución y liquidación

15. Admisión de nuevas causas de extinción (artículos 1.373-1.º, 1.393).
16. Reconocimiento de un orden de prelación de créditos (art. 1.399).
17. Aproximación al derecho sucesorio (artículo 1.402 y 1.410).

II. MOMENTO INICIAL DE LA SOCIEDAD DE GANANCIALES

Según el artículo 1.345 del Código Civil, en su nueva redacción, «la sociedad de gananciales empezará en el momento de la celebración del matrimonio o, posteriormente, al tiempo de pactarse en capitulaciones».

Contrariamente a lo que ocurre en los Derechos forales, ha sido norma inalterable en el Derecho común español, la imposibilidad de modificar el régimen conyugal de bienes durante el matrimonio. Como consecuencia de ello, el artículo 1.393 del Código Civil, según su primitiva redacción, ordenaba que «la sociedad de gananciales empezará precisamente en el día de la celebración del matrimonio. Cualquier estipulación en sentido contrario se tendrá por nula».

Como necesaria correspondencia con esta doctrina, el artículo 1.315 únicamente permitía la celebración de capitulaciones matrimoniales antes del matrimonio y el artículo 1.320 declaraba taxativamente que «después de celebrado el matrimonio no se podrán alterar las capitulaciones matrimoniales otorgadas antes, ya se trate de bienes presentes ya de bienes futuros».

Modificados, entre otros, los citados preceptos por ley de 2 de mayo de 1975, se hizo posible el otorgamiento de capitulaciones matrimoniales antes o después del matrimonio y se estableció que los cónyuges mayores de edad podrían en todo momento, actuando de común acuerdo, modificar el régimen económico, convencional o legal, del matrimonio (art. 1.320).

El artículo 1.325, según su nueva redacción, determina que «en capitulaciones matrimoniales podrán los otorgantes estipular, modificar o sustituir el régimen económico de su matrimonio o cualesquiera otras disposiciones por razón del mismo», y el artículo 1.326 establece que «las capitulaciones matrimoniales podrán otorgarse antes o después de celebrado el matrimonio».

Como no podía menos de suceder, el art. 1.345, redactado por la ley de 13 de mayo de 1981, ordena, como hemos visto, que la sociedad de gananciales empezará en el mismo momento en que se celebre el matrimonio, pero de acuerdo también con la posibilidad de alterar el régimen matrimonial de bienes, permite, asimismo, que pueda iniciarse al tiempo de pactarse en capitulaciones matrimoniales.

Este artículo establece una regla general y una excepción. Como regla general la sociedad de gananciales se inicia en el momento de la celebración del matrimonio. Esto tiene lugar cuando el silencio de los contrayentes sobre este punto determina que deba ser la ley, en virtud de un presupuesto de seguridad jurídica, la que señale el momento inicial de la sociedad, habida cuenta de que ésta tiene el carácter de régimen legal supletorio de primer grado, aplicable cuando los contrayentes no hayan establecido otro en capitulaciones matrimoniales.

Excepcionalmente, también puede comenzar la sociedad de gananciales después de la celebración del matrimonio, cuando se pacte así en capitulaciones matrimoniales [3]. Esto supone que las partes las hayan otorgado anteriormente, pactando para su matrimonio un régimen de bienes distinto al de gananciales, bien porque lo hayan establecido así, o bien porque hayan excluido éste expresamente sin indicar a qué régimen se acogen, ya que en tal caso regiría el sistema de separación, en virtud de lo dispuesto en el artículo 1.435, apartado 2.º [4].

De todo lo expuesto resulta que cuando los cónyuges pacten el sistema de gananciales después de la celebración del matrimonio, lo que están haciendo es modificar su régimen de bienes y habrán de cumplir los requisitos del artículo 1.331, establecidos para la modificación de las capitulaciones matrimoniales [5], pues dicha modificación deberá, necesariamente, hacerse a través de las mismas.

El régimen de gananciales, en este supuesto, puede iniciarse en el momento en que se perfeccionen las capitulaciones matrimoniales o puede someterse a plazo o condición suspensivo. A este respecto señala

[3] «En capitulaciones matrimoniales podrán los otorgantes estipular, modificar o sustituir el régimen económico de su matrimonio o cualesquiera otras disposiciones por razón del mismo» (artículo 1.325).

[4] Según este artículo existirá entre los cónyuges separación de bienes cuando «hubieren pactado en capitulaciones matrimoniales, que no regirá entre ellos la sociedad de gananciales, sin expresar las reglas por que hayan de regirse sus bienes».

[5] «Para que sea válida la modificación de las capitulaciones matrimoniales deberá realizarse con la asistencia y concurso de las personas que en éstas intervinieron como otorgantes si vivieren y la modificación afectare a los derechos concedidos por tales personas» (artículo 1.331).

Gómez-Ferrer Sapiña que el término o condición pueden formar parte del contrato de capitulaciones [6].

Desaparecida la imposibilidad impuesta por el Código Civil antes de la ley de 1975, hoy es posible el juego de la condición y del término en el régimen económico del matrimonio. ¿Cómo pueden jugar una y otro?

El término inicial se dará en aquellos casos en que se pacte que, a partir de determinado momento, regirá un determinado régimen económico matrimonial. En este caso pueden darse a su vez dos supuestos: que se haya previsto el régimen que ha de regir hasta que llegue el día, en cuyo caso se aplicará dicho régimen, que sin solución de continuidad enlazará con el pactado para el advenimiento de la fecha señalada. O que nada se haya dicho, por lo que regirá, hasta la llegada del día citado, el régimen legal, y a partir de esa fecha, el pactado para entonces.

En cuanto a la condición, nos limitamos a señalar que cabe aplicar las mismas normas que las dichas para el término, teniendo, como es lógico, en cuenta que lo que determina la variación del régimen, es el cumplimiento del evento, o su incumplimiento, con los efectos propios de la condición.

Esta doctrina, alumbrada al amparo de la legislación anterior, es plenamente vigente en la actualidad, dada la coincidencia de las normas de la nueva legislación con la precedente.

En resumen, podemos afirmar que la sociedad de gananciales puede tener su origen en el mismo momento que el matrimonio, en el momento en que se otorgue el contrato matrimonial de bienes en el que

[6] «Consideraciones sobre las capitulaciones matrimoniales y las modificaciones del régimen económico del matrimonio en el Código Civil.» *Revista Crítica de Derecho Inmobiliario,* 1978, página 496.

se establezca dicho sistema, o en el momento en que llegue el día o se cumpla la condición.

El artículo 1.374 señala que, tras la disolución a que se refiere el artículo 1.373, se aplicará el régimen de separación de bienes, salvo que en el plazo de tres meses el cónyuge del deudor opte en documento público por el comienzo de una nueva sociedad de gananciales. El artículo 1.373, en su párrafo 1.°, establece que cada cónyuge responde con su patrimonio personal de las deudas propias, y, si sus bienes privativos no fueran suficientes para hacerlas efectivas, el acreedor podrá pedir el embargo de bienes gananciales, que será inmediatamente notificado al otro cónyuge, y éste podrá exigir que en la traba se sustituyan los bienes comunes por la parte que ostenta el cónyuge deudor en la sociedad conyugal, en cuyo caso el embargo llevará consigo la disolución de aquélla. El artículo 1.393 *in fine,* en relación con la disolución de la sociedad por el embargo de la parte de uno de los cónyuges por deudas propias, reitera que se estará a lo especialmente dispuesto en este Código.

Como vemos, el artículo 1.373, en su párrafo primero, en relación con el 1.374, establece una causa de disolución de la sociedad de gananciales: el embargo de éstos por deudas propias de uno de los cónyuges, que constituye una novedad en nuestro Derecho. Tras la disolución de la primera sociedad de gananciales, a que se refieren los preceptos citados, regirá el régimen de separación, como se desprende del artículo 1.374, y también del 1.435-3.°[7]; pero en el plazo de tres meses, el cónyuge del deudor podrá optar en documento público por el comienzo de

7 Existirá entre los cónyuges separación de bienes «cuando se extinga, constante matrimonio, la sociedad de gananciales o el régimen de participación, salvo que por voluntad de los interesados fuesen sustituidos por otro régimen distinto».

una nueva sociedad de gananciales. Los cónyuges, por lo tanto, deberán, en este caso, determinar el momento del nacimiento de esta nueva sociedad, que deberá reflejarse en el Registro Civil, al igual que la disolución de la primera, para que surta efectos contra terceros [8]. También deberán hacer constar los cónyuges los bienes que nuevamente aporten.

De todo lo anteriormente expuesto se deduce que el momento inicial de la sociedad de gananciales puede ser determinado legalmente o por voluntad de los contrayentes, y que en este segundo supuesto éstos pueden fijar la fecha de una manera determinada o dejar su señalamiento a un acontecimiento futuro e incierto, o a un acontecimiento que necesariamente ha de llegar, aunque se ignore cuándo.

[8] «En toda inscripción de matrimonio en el Registro Civil se hará mención, en su caso, de las capitulaciones matrimoniales que se hubieren otorgado, así como de los pactos, resoluciones judiciales y demás hechos que modifiquen el régimen económico del matrimonio. Si aquéllas o éstos afectaren a inmuebles, se tomará razón en el Registro de la Propiedad en la forma y a los efectos previstos en la Ley Hipotecaria» (artículo 1.333).

III. ADMINISTRACION Y DISPOSICION

1. Precedentes

La historia de la regulación de la sociedad de gananciales en nuestro Derecho positivo, unida a la de los bienes dotales y parafernales, nos muestra una progresiva ampliación de las facultades del marido y, como contrapartida, una reducción de las de la mujer. En efecto, la ley 55 de Toro establece una importante limitación de la capacidad de obrar de la mujer al prohibirle contratar, cuasi contratar y estar en juicio sin licencia del marido. La ley 3.ª, título IV, libro X de la *Novísima Recopilación* atribuye los frutos de los bienes parafernales a la sociedad de gananciales, y, como consecuencia, la jurisprudencia del Tribunal Supremo determina que el marido puede disponer de los mismos, lo que en este contexto resulta lógico, ya que es el administrador de dicha sociedad.

Gorosabel, en su *Código Civil de España,* en el que recoge disposiciones «esparcidas» en los diferentes cuerpos del Derecho y leyes sueltas de esta nación, en el artículo 40, que se inspira en la ley 5, título 2, partida 3.ª, dice que «el marido ejerce por sí y por la muger todos los actos civiles, y por lo mismo administra todos los bienes, celebra cualquiera contrato y desiste de él, acepta o repudia herencias o donaciones, sale a los juicios sea como demandante o demandado, y enagena libremente sus propios bienes, y aún los de la muger...» [9].

Observamos que a principios del siglo pasado, y más concretamente en 1832, fecha del Código de Gorosabel, la situación de superioridad del marido en el aspecto patrimonial (y en todos, por supuesto), era incontestable en el Derecho español, aunque no se llegara a los extremos de otras legislaciones, como la inglesa, en las que se anulaba, prácticamente de forma total, la personalidad de la mujer.

2. Derecho contemporáneo, administración y disposición conjunta

La doctrina reconoce en nuestros días la existencia de diversos sistemas en orden a la administración de la sociedad de gananciales. El profesor Renauld distingue entre los siguientes: el de gestión conjunta que exige el consentimiento de ambos cónyuges para la validez de cualquier acto; el de gestión concurrente, según el cual cada uno de los cónyuges puede administrar por sí solo la sociedad, y el de gestión individual, que atribuye el poder de gestión a uno de los cónyuges: de modo centralizado, si uno de los cónyuges por sí solo administra todos los bienes comunes y de modo descentralizado si cada cónyuge administra ciertas clases de bienes comunes [10].

[9] Tolosa, 1832.

[10] *Les régimes matrimoniaux,* Rapport introductif, páginas 115 y ss., Bruxelles, 1966.

El primitivo artículo 1.412 establecía que el «marido es el administrador de la sociedad de gananciales, salvo lo dispuesto en el artículo 59», que se refería a la estipulación en contrario y a lo dispuesto en el artículo 1.384, relativo a la administración de los bienes parafernales. En la sociedad de gananciales, como en la sociedad conyugal, en general, fuere cual fuere el sistema adoptado, el marido era el administrador por disposición de la ley, como observa Manresa [11].

El artículo 1.413, según su redacción originaria, señalaba que además de las facultades que tiene el marido como administrador, «podrá enajenar y obligar a título oneroso los bienes de la sociedad de gananciales sin el consentimiento de la mujer».

Estas excesivas facultades del marido llegan hasta la ley de 24 de abril de 1958, que inicia una tendencia contraria, de acuerdo con la evolución de la sociedad en nuestro tiempo, y el papel desempeñado por la mujer en la familia, modificando el artículo 1.413 en el sentido que ya nos resulta familiar, de que «el marido además de las facultades que tiene como administrador podrá enajenar y obligar a título oneroso los bienes de la sociedad de gananciales; pero necesitará el consentimiento de la mujer o, en su defecto, autorización judicial a solicitud fundada del marido del modo previsto en el párrafo siguiente, para actos de disposición sobre inmueble o establecimientos mercantiles. Cuando el marido venga efectuando actos dispositivos sobre bienes no comprendidos en el párrafo anterior que entrañen grave riesgo para la sociedad de gananciales, podrá el juez de primera instancia, a solicitud fundada de la mujer, oyendo a su consorte, y previa información sumaria, adoptar aquellas medidas de aseguramiento que estime

11 *Op. cit.*, t. cit., pág. 654.

procedentes. En todo caso, no podrán perjudicar a la mujer, ni a sus herederos, los actos de disposición que el marido realice en contravención de este Código o el fraude de la mujer, sea cual fuere la condición de los bienes afectados».

a. *Actos onerosos*

El nuevo artículo 1.377 va más lejos, al afirmar que «para realizar actos de disposición a título oneroso sobre bienes gananciales se requerirá el consentimiento de ambos cónyuges. Si uno lo negare o estuviere impedido para prestarlo, podrá el juez, previa información sumaria, autorizar uno o varios actos dispositivos cuando lo considere de interés para la familia. Excepcionalmente acordará las limitaciones o cautelas que estime convenientes».

El precepto transcrito no señala la sanción de los actos de disposición a título oneroso sobre los bienes gananciales, cuando sólo interviene en la misma uno de los cónyuges, pero según el artículo 1.322, podemos afirmar que son anulables [12].

Sin embargo, en nuestra opinión, no se puede hablar de anulabilidad; se trata de un negocio jurídico incompleto y por ello todavía inexistente por falta del consentimiento de uno de los cónyuges; es un negocio jurídico en vías de formación. Cuando ha prestado su consentimiento uno de los cónyuges, no se puede decir que el negocio sea anulable, pues en tal caso esto ocurriría siempre que el consentimiento de los esposos no se prestase simultáneamente, y no

[12] Según este artículo «cuando la Ley requiera para un acto de administración o disposición que uno de los cónyuges actúe con el consentimiento del otro, los realizados sin él y que no hayan sido expresa o tácitamente confirmados podrán ser anulados a instancia del cónyuge cuyo consentimiento se haya omitido o de sus herederos» (apartado 1.°).

hay ningún inconveniente para admitir que dicho consentimiento sea sucesivo. Lo que ocurre es que el negocio jurídico no se perfecciona hasta que concurran todo los requisitos legales, uno de los cuales es el consentimiento de ambos cónyuges (véanse Sentencias T. S. 7-II y 3-III, 1964).

La nueva redacción del Código Civil incurre en una grave imprecisión técnica al considerar anulables los actos a título oneroso realizados por un cónyuge sin el consentimiento de su consorte, ya que esto supone admitir la validez de los mismos mientras no sean impugnados, lo cual nos parece de todo punto inadmisible.

b. Actos gratuitos

El artículo 1.378 señala que «serán nulos los actos a título gratuito si no concurre el consentimiento de ambos cónyuges. Sin embargo, podrá cada uno de ellos realizar con los bienes gananciales liberalidades de uso». Como vemos, el párrafo primero del artículo transcrito establece la nulidad como sanción de los actos a título gratuito realizados sin el consentimiento de ambos cónyuges. También incurre aquí el Código Civil en una imprecisión técnica, pero su alcance es, en este caso, menos importante que en el supuesto anteriormente citado, relativo a los actos a título oneroso, ya que la nulidad y la inexistencia tienen prácticamente casi los mismos efectos (v. Res. D. G. R. N. 6 oct. 1966).

En definitiva, tanto si se trata de actos onerosos como gratuitos, es necesario el consentimiento de los dos cónyuges, y la falta del consentimiento de uno de ellos produce la inexistencia del acto. Hablamos, naturalmente, en el terreno puramente especulativo, ya que de *lege data* no hay más remedio que admitir la nulidad de los actos gratuitos celebrados por uno de los cónyuges sin el consentimiento del otro, y la anulabilidad de los onerosos en el mismo supuesto.

3. Actos que puede realizar uno solo de los cónyuges

a. Regalos módicos

Como excepción al principio de codisposición, dice el artículo 1.378 en su último inciso que cada uno de los cónyuges podrá realizar con los bienes gananciales liberalidades de uso. ¿Pero qué son liberalidades de uso? Creemos que por liberalidades de uso pueden entenderse los tradicionales «regalos módicos», pero sin estar limitados a los cónyuges entre sí, como exigía el viejo artículo 1.334 [13]; el Código se refiere a los regalos que son frecuentes en la vida social por razones de cortesía, cuya cuantía debe ser calificada en función de los usos y costumbres vigentes en el ámbito social en el que se mueven los sujetos y, principalmente, en relación con la posición económica del donante, de tal modo que un mismo objeto puede constituir un regalo módico en unos supuestos y no en otros.

b. Administración de bienes que figuran a nombre del sujeto y disposición de dinero y valores en el mismo caso

Otra importante cuestión que plantea la nueva regulación del Código Civil es la distinción entre actos

[13] Según este precepto «será nula toda donación entre los cónyuges durante el matrimonio. No se incluyen en esta regla los regalos módicos que los cónyuges se hagan en ocasiones de regocijo para la familia».

de gestión, de administración y de disposición. El artículo 1.415 del Código Civil francés, tras la reforma de 1976, dice que la gestión comprende todos los poderes de administración, de posesión y de disposición; pero no parece que este significado pueda trasladarse al Derecho español. El artículo 1.327 distingue entre administración y disposición, y el 1.375 lo hace entre gestión y disposición. Para admitir la posibilidad de que sea suficiente la intervención de uno solo de los cónyuges a los efectos del artículo 1.384 que señala que «serán válidos los actos de administración de bienes y los de disposición dé dinero o títulos valores realizados por el cónyuge a cuyo nombre figuren o en cuyo poder se encuentren», hay que determinar qué actos son de administración y si ésta se distingue de la gestión. Con una interpretación sistemática podemos llegar a la conclusión de que actos de gestión y actos de administración constituyen una misma realidad caracterizada por la nota de índole negativa de no ser actos de disposición y por la nota positiva de no ser de resultados definitivos.

Puig Brutau, sin embargo, se muestra partidario de una concepción progresiva de los actos de administración. En términos generales, dice, cabe afirmar que los actos de administración son aquellos que se requieren para contrarrestar los efectos de la duración o transcurso del tiempo en el valor de las cosas; son, como se ha dicho, los que salvan el valor presente de una cosa, sin comprometerla para el futuro. Son también los que permiten que una cosa se incremente con un valor que las circunstancias hacen posible aprovechar sin necesidad de exponerse a un riesgo o de sufrir un quebranto. En todo caso, la calificación de un acto como de administración ha de tener lugar en atención a sus consecuencias para los interesados y no a base de apreciar las cualidades abstractas que le atribuya la jurisprudencia de conceptos. En este sentido considera inadmisible el criterio que han sostenido algunas resoluciones de la Dirección General de los Registros acerca del arrendamiento, al que han calificado de acto de administración con independencia de su duración, fundándose en el criterio de que siempre tiene la misma esencia. Si se tuviere en cuenta la diferencia entre el interés protegido y el dispositivo técnico de protección, no se olvidaría que este segundo elemento con su valor puramente instrumental no puede imponer una solución contraria a la conveniencia de los interesados. Con independencia, pues, de cuál sea la naturaleza jurídica del arrendamiento, hay que observar la incidencia de la situación de hecho creada en los intereses de las partes para calificarla debidamente. Considera que en el arrandamiento ha de ser tenido en cuenta el factor tiempo, y que el criterio de considerar como derecho real el arrandamiento inscribible sólo significa la expresión en lenguaje conceptual de lo que a la luz de la jurisprudencia de intereses consistiría en afirmar que ha de comprometer el porvenir de la cosa común por más de seis años [14].

Este razonamiento que Puig Brutau formula en relación con el arrendamiento realizado por una comunidad de propietarios, nos parece perfectamente válido para deslindar el concepto de acto de administración aplicable al artículo 1.384; son aquellos que salvan el valor presente de una cosa sin comprometerla para el futuro o que permiten su incremento con un valor que las circunstancias permiten aprovechar sin necesidad de exponerse a un riesgo o de sufrir un quebranto.

[14] Puig Brutau: *Fundamentos de Derecho Civil,* t. III, página 268, Ed. Bosch, Barcelona, 1953.

c. *Aspecto registral*

Desde el punto de vista hipotecario es interesante determinar qué bienes pueden ser objeto de administración por uno solo de los cónyuges, teniendo en cuenta su titularidad registral [15]. Creemos que en el artículo 1.384 pueden subsumirse los bienes inscritos a nombre de uno de los cónyuges, por haberse acreditado la procedencia privativa o parafernal del precio o contraprestación; los bienes inscritos a nombre de uno de los cónyuges sin indicación alguna de su carácter, por tratarse de inscripciones anteriores al vigente Reglamento Hipotecario, y los bienes inscritos a nombre de uno de los cónyuges sin prejuzgar, conforme al artículo 95, 2.ª, del Reglamento Hipotecario, su naturaleza ganancial o privativa. Para la validez de los actos de Administración realizados sobre dichos bienes bastará la intervención del cónyuge a cuyo nombre figuren.

En cuanto a los bienes adquiridos por uno de los cónyuges e inscritos a nombre de los dos conjuntamente y para la sociedad conyugal, conforme al artículo 95, 1.ª del Reglamento Hipotecario y también respecto de los adquiridos por ambos cónyuges e inscritos a favor de los mismos según la misma norma, entendemos que será necesario el consentimiento del marido y de la mujer.

d. *Actos de disposición «mortis causa»*

Los actos de disposición «mortis causa» sobre bienes gananciales vienen regulados en los artículos

15 Al redactar este punto, y en general todos los de contenido registral, hemos tenido a la vista las «Notas de urgencia sobre algunos aspectos de la reforma de 1981 del Código Civil» de 5 de junio de 1981, remitidos a los Registradores de la Propiedad por su Colegio Nacional y que debemos a la gentileza de nuestro buen amigo el Registrador de Liria, don Eladio Ballester.

1.379, relativo a las disposiciones a título universal, y 1.380, relativo a las disposiciones a título singular, el primero de los cuales señala que «cada uno de los cónyuges podrá disponer por testamento de la mitad de los bienes gananciales».

El artículo 1.380 dice que «la disposición testamentaria de un bien ganancial producirá todos sus efectos si fuere adjudicado a la herencia del testador. En caso contrario se entenderá legado el valor que tuviera al tiempo del fallecimiento».

Estos preceptos son prácticamente nuevos en nuestro Derecho. El antiguo artículo 1.414 hacía referencia a la disposición «mortis causa» por el marido de la mitad de los bienes gananciales; pero referida a ambos cónyuges, esta posibilidad se introduce ahora por primera vez en nuestra legislación de un modo expreso.

Según la ley 5, título IV, libro X de la *Novísima Recopilación*, el marido administraba durante el matrimonio los bienes de la sociedad conyugal y podía venderlos y enajenarlos, siempre que lo hiciera sin ánimo de perjudicar a la mujer, pero esta facultad, según la misma ley, se entendía únicamente «inter vivos» y nunca a través de una disposición testamentaria.

El Código Civil, según su redacción originaria, establecía en el artículo 1.414 que «el marido no podrá disponer por testamento sino de su mitad de gananciales». Esta norma no tenía, según Manresa, antecedentes en nuestro derecho [16], y sólo se consignaba en evitación de toda duda, aunque, lógicamente, tal duda no debía darse. La disposición para una época

[16] *Op. cit.*, t. cit., págs. 649 y 675 y ss.

en la que ya no ha de existir la sociedad de gananciales, y precisamente de la parte que ha de corresponder después de la liquidación al testador, no podía en modo alguno negarse al marido ni a la mujer. El testador dispone de sus bienes para después de su muerte, ya por vía de herencia, de legado o de mejora, y aunque nada exprese sobre el particular, evidentemente, formarán parte de sus bienes los gananciales que como consecuencia de la sociedad le correspondan.

La palabra gananciales induce a confusión, porque durante el matrimonio lo son los bienes a que la ley asigna ese carácter, y después de disuelta la sociedad es ganancial el sobrante que resulte en la liquidación, después de pagar a cada socio su capital y de satisfacer todas las deudas comunes. ¿Se refiere la ley al primero de estos sentidos, a los bienes gananciales, o al segundo, a las ganancias resultantes? La cuestión se resuelve en el sentido de afirmar que a la disolución del matrimonio, que se habrá producido por la muerte de uno de los cónyuges, habrá de procederse a la liquidación de la sociedad de gananciales, en la que se prescinde del carácter concreto de los bienes, determinando numéricamente a cuánto asciende el capital privativo de cada cónyuge y si hay o no ganancias. Puede, pues, sostenerse la participación o el legado mientras quepa incluir en el lote de bienes del marido, por cualquier concepto, los bienes u objetos determinados que distribuyó o legó y quede caudal bastante para completar el capital de la mujer y su participación en las ganancias. Si así no ocurre, habrán de reducirse los efectos de la disposición, de manera que resulte que el marido sólo pudo eficazmente dejar o legar hasta la cantidad a él pertenecientes por su capital propio y su mitad de gananciales, atendiendo siempre, más que a los objetos determinados de que se trate, a su valor.

En el fondo, esta doctrina es la que recogen los artículos 1.379 y 1.380, según su redacción de 1981, anteriormente expuesta. En aras del principio de equiparación se atribuye expresamente la facultad de disponer por testamento de la mitad de los bienes gananciales a cada uno de los cónyuges, aunque la diferencia con el derecho anterior es, en este punto, puramente formal, ya que la mujer, como hemos visto también, podía disponer por testamento de la mitad de los bienes gananciales.

El artículo 1.380 se refiere a la disposición a título singular o de legado de los bienes gananciales. Aquí se plantean ciertos problemas, debido a la circunstancia, ya conocida, de que antes de la liquidación y adjudicación de bienes concretos y determinados de la sociedad de gananciales, cada uno de los cónyuges tiene un derecho general sobre la misma y no un derecho sobre bienes concretos y determinados, de tal modo que puede suceder que el bien legado, en su caso, no sea adjudicado a la herencia del cónyuge testador. Por ello, el artículo 1.380, en su inciso primero, subordina los efectos del legado de cosa ganancial a la circunstancia de que la misma sea adjudicada a la herencia del testador. (V. M. de la Cámara, «El legado de cosa ganancial». *Anuario de Derecho Civil,* 1952, págs. 467 y ss.).

Pero la ley resuelve también el caso de que el bien ganancial legado no sea adjudicado a la herencia del testador, sino a su consorte o, en su caso, a los herederos del mismo, y resuelve que, en tal caso, se entenderá legado el valor que tuviere al tiempo del fallecimiento. Se trata, por lo tanto, de la conversión del legado de cosa específica, en legado de cantidad, conversión que se realiza por ministerio de la ley.

4. Intervención judicial

Los artículos 1.376 y 1.377-2.º [17] contemplan dos supuestos distintos de intervención judicial: cuando uno de los cónyuges niega su consentimiento y cuando no puede prestarlo; el primero referido a los actos de administración, y el segundo, a los de disposición. El artículo 1.389 se refiere a la posibilidad de que el Juez, con carácter precautorio, pueda establecer limitaciones al cónyuge administrador en caso de separación, exigiendo su intervención, en todo caso, para los actos de disposición de bienes inmuebles, establecimientos mercantiles, objetos preciosos y valores mobiliarios, salvo el derecho de suscripción preferente.

La intervención judicial tiene el inconveniente de que introduce en el seno de la familia un elemento extraño, extrafamiliar y público que, salvo en el supuesto del artículo 1.387, se da en circunstancias normales; es decir, que la intervención judicial no tiene carácter excepcional, como venía ocurriendo hasta ahora, lo que puede constituir un elemento perturbador de las relaciones conyugales, además de las dificultades prácticas que puede ocasionar en función de la saturación que ya se observa en muchos juzgados, y que se verá incrementada si no se habilita pronto

17 «Cuando en la realización de actos de administración fuere necesario el consentimiento de ambos cónyuges y uno se hallare impedido para prestarlo, o se negare injustificadamente a ello, podrá el Juez suplirlo si encontrare fundada la petición» (artículo 1.376). «Si uno» de los cónyuges llamados a dar el consentimiento para realizar actos de disposición a título oneroso sobre bienes gananciales «lo negare o estuviere impedido para prestarlo, podrá el Juez, previa información sumaria, autorizar uno o varios actos dispositivos cuando lo considere de interés para la familia» (artículo 1.377).

un elevado número de ellos, lo que también presenta dificultades presupuestarias. Ahora bien, una vez aceptado el principio de equiparación entre los cónyuges, sería difícil encontrar una solución distinta.

a. Intervención judicial en defecto de la de uno de los cónyuges

Si uno de los cónyuges se encuentra impedido para prestar su consentimiento, éste puede ser suplido por la autorización judicial, previa información sumaria, si lo considera el Juez de interés para la familia, tratándose de actos dispositivos (art. 1.377) y si encuentra fundada la petición en los de administración (artículo 1.376).

Sin embargo, para realizar gastos urgentes de carácter necesario, bastará el consentimiento de uno de los cónyuges. ¿Pero qué debemos entender por gastos necesarios urgentes? Según Díez Picazo [18], los gastos necesarios son aquellos que resultan indispensables para la conservación de la cosa. Comprenden las obras ordinarias de conservación y reparación, la custodia y el pago de las contribuciones y cargas inherentes al goce. En el concepto de gastos necesarios se deben entender incluidos también los desembolsos realizados para la obtención de los frutos, es decir, lo que en términos económicos se denominaría costes de producción.

Estos gastos serán urgentes cuando sea necesario realizarlos inmediatamente, pues en caso contrario se produciría un daño a los bienes gananciales o a uno de ellos.

[18] *Fundamentos del Derecho Civil Patrimonial,* t. II, página 573, Ed. Tecnos, Madrid, 1978.

b. Intervención judicial en caso de negativa expresa o tácita del consentimiento por uno de los cónyuges

Si uno de los cónyuges niega su consentimiento, el acto podrá ser autorizado por el Juez, previa información sumaria, si lo considera de interés para la familia, tratándose de actos dispositivos (art. 1.377) y si encuentra fundada la petición tratándose de los de administración (art. 1.376), repetimos.

Resulta, por lo menos, anómala esta sustitución de la voluntad privada por la autorización judicial, ya que supone, probablemente, conceder a ésta el valor del consentimiento negocial, lo que implica una limitación a la autonomía privada en función de un interés superior cuyo intérprete es la autoridad judicial.

c. Intervención judicial en circunstancias anormales del matrimonio

En el caso de que la administración corresponda al cónyuge que sea tutor o representante legal de su consorte[19] y en caso de transmisión judicial de la misma a uno de ellos cuando el otro no pudiera prestar su consentimiento, hubiera abandono de familia o separación de hecho[20], el cónyuge en quien recaiga la administración de los bienes tendrá plenas facultades, pero el Juez, cuando lo considere de interés para la familia y previa información sumaria puede establecer cautelas o limitaciones. Efectivamente,

[19] «La administración y disposición de los bienes de la sociedad de gananciales se transferirá por ministerio de la Ley al cónyuge que sea tutor o representante legal de su consorte» (artículo 1.387).

[20] «Los tribunales podrán conferir la administración a uno solo de los cónyuges cuando el otro se encontrare en imposibilidad de prestar consentimiento o hubiere abandonado la familia o existiere separación de hecho» (artículo 1.388).

el artículo 1.389 establece que «el cónyuge en quien recaiga la administración en virtud de lo dispuesto en los dos artículos anteriores tendrá para ello plenas facultades, salvo que el Juez cuando lo considere de interés para la familia y previa información sumaria establezca cautelas o limitaciones. En todo caso, para realizar actos de disposición sobre bienes inmuebles, establecimientos mercantiles, objetos preciosos o valores mobiliarios, salvo el derecho de suscripción preferente, necesitará autorización judicial».

Aunque según la dicción literal del Código, sólo el interés de la familia puede justificar la imposición de cautelas y limitaciones, creemos que también pueden imponerse en interés del otro cónyuge, porque interesa a la familia que los intereses de los cónyuges estén protegidos, si bien sometidos al superior interés de la institución.

Entiende Lacruz que la autorización judicial supletoria debe prestarse en un «procedimiento sumario y con figura de jurisdicción voluntaria», y, desde luego, resulta inadmisible la impugnación ulterior en juicio declarativo, pues tal autorización sólo puede ser eficaz en el tráfico y conseguir con ello su objeto, si surte efecto definitivo e irrevocable: si el que contrata con el cónyuge que obtuvo la autorización, sabe que ésta es irrevocable e inimpugnable. Otra cosa es que se demuestre luego, exclusivamente en la relación entre los cónyuges, la inconveniencia de la operación o la culpabilidad del cónyuge que tomó la iniciativa de ella, o bien incluso frente a tercero, el fraude en que éste fue cómplice [21].

[21] «Régimen económico del matrimonio», en *La reforma del Derecho de Familia del Código Civil español,* fasc. I, Instituto Nacional de Prospectiva, Madrid, 1979, pág. 54.

5. Inscripción de adquisiciones inmobiliarias

En el ámbito del Derecho hipotecario es necesario determinar si es posible inscribir a nombre de uno solo de los cónyuges la adquisición realizada por éste, con la sola declaración del otro de que el dinero con el que se realizó el pago es privativo del adquirente, o sea, si la confesión del otro cónyuge es suficiente para desvirtuar la presunción de ganancialidad contenida en el artículo 1.361.

Hasta ahora, el fundamento de la inadmisibilidad de la confesión para determinar el carácter de los bienes, se encontraba en la posibilidad de que encubriera donaciones entre cónyuges prohibidas por la ley. Al permitirse ya dichas donaciones, no hay obstáculo para admitir la confesión o, mejor, la declaración de uno de los cónyuges sobre la procedencia del dinero invertido en la adquisición de los bienes, con plenos efectos en relación con la titularidad de los mismos.

Por otra parte, lo mismo da admitir la declaración acerca de la procedencia del dinero, que la donación por un cónyuge al otro del precio, antes de la adquisición, o del inmueble adquirido, después de ésta.

Además el artículo 1.324 dice que «para probar entre cónyuges que determinados bienes son propios de uno de ellos será bastante la confesión del otro».

A mayor abundamiento, el artículo 1.355 señala que «podrán los cónyuges, de común acuerdo, atribuir la condición de gananciales a los bienes que adquieran a título oneroso durante el matrimonio, cualquiera que sea la procedencia del precio o contraprestación y la forma y plazos en que se satisfaga».

En definitiva, los bienes adquiridos, cuando conste, a través simplemente de la declaración del otro cónyuge, la procedencia privativa del precio, deberán inscribirse a nombre del adquirente y considerarse privativos, si bien haciendo la advertencia de que el precio se considera privativo según la confesión del otro cónyuge, a efectos del artículo 1.324 *in fine,* según el cual «la confesión por sí sola no perjudicará a los herederos forzosos del confesante, ni a los acreedores, sean de la comunidad o de cada uno de los cónyuges.

La donación puede ser impugnada, en su caso, por los herederos forzosos y los acreedores del donante. Para evitarlo, los cónyuges podrían disimularla con un reconocimiento de propiedad. Por ello, el art. 1.324 atribuye a la confesión los efectos propios de la donación, o mejor, sus limitaciones.

Otra cuestión que se plantea, desde el punto de vista registral, es la de determinar si será posible acreditar el carácter privativo del precio de un bien, después de haberlo inscrito como ganancial.

A este respecto, hay que tener en cuenta lo dispuesto en el artículo 95, párrafo último, del Reglamento Hipotecario, según el cual si practicada la inscripción se justificare con posterioridad el carácter privativo del precio o contraprestación, se hará constar así por nota marginal que determinará la atribución de los bienes inscritos; pero si la prueba consiste en la confesión del otro cónyuge conforme al artículo 1.324, sólo podrá hacerse constar mediante la rectificación de la inscripción, previa rectificación del título inscrito; si la confesión se refiere a la pertenencia del bien inscrito, solamente tendrá efectos civiles extrahipotecarios, al no ser inscribible en el registro, pues no se trata de un título traslativo del dominio.

En cuanto a las inscripciones practicadas hasta ahora, cuando en la adquisición por cualquiera de los cónyuges asevere el otro que el precio o contraprestación es de la exclusiva propiedad del adquirente sin acreditarlo, en las que se habrá practicado la inscripción a nombre de éste, haciendo constar dicha circunstancia, sin que el asiento prejuzgue la naturaleza privativa o ganancial de tales bienes, se plantea la cuestión de si el cónyuge titular podrá realizar, sin intervención del otro, actos de disposición sobre la finca de referencia. Opinamos que no, porque, cuando se hizo tal aseveración por parte del cónyuge del adquirente, éste no podía disponer sin el consentimiento del aseverante, ya que la regla 2.ª del artículo 96 del Reglamento Hipotecario exigía que los actos dispositivos sobre los bienes expresados se otorgarían por el cónyuge titular con el consentimiento del otro, y no se puede dar a su aseveración una trascendencia que no pudo prever, pero sí podrá admitirse que el cónyuge del adquirente confiese el carácter privativo del precio y que esta confesión se haga constar en el Registro con los consiguientes efectos en materia de disposición.

Cuando la adquisición se realice por ambos cónyuges, habrá que inscribir conjuntamente y para la sociedad conyugal el bien adquirido. Si se realiza por uno solo de ellos, sin acreditar la propiedad exclusiva del precio a contraprestación, parece que habrá que inscribir el bien adquirido a nombre del adquirente y para la sociedad conyugal.

6. Conclusiones

a. Aspectos generales

En resumen, podemos afirmar que la administración y disposición de los bienes gananciales se rige por lo dispuesto en capitulaciones matrimoniales [22], cuya vigencia habrá que demostrar en cada acto, habida cuenta de la revocabilidad de las mismas.

22 «En defecto de pacto en capitulaciones, la gestión y disposición de los bienes gananciales corresponde conjuntamente a los cónyuges,...» (artículo 1.375).

Cada uno de los cónyuges puede administrar sin intervención del otro los bienes de la sociedad de gananciales que estén a su nombre.

A falta de pacto en capitulaciones matrimoniales, ambos cónyuges deben concurrir conjuntamente a la administración y disposición con las siguientes excepciones:

1.º Que se demuestre el consentimiento previo general o especial del otro cónyuge. Cabe el consentimiento posterior, indudablemente, pero en materia de bienes inmuebles no podrá, lógicamente, practicarse la inscripción en el Registro de la Propiedad si en la escritura correspondiente no se refleja el consentimiento de ambos cónyuges.

2.º Que uno de los cónyuges ostente la representación legal o sea tutor del otro, o le haya sido conferida la administración por los tribunales a causa de la imposibilidad de su consorte, o de haber éste abandonado la familia, o existir separación de hecho, y sea autorizado judicialmente para el acto de disposición de que se trate (art. 1.389-2.º).

3.º Que ante la imposibilidad o negativa del otro cónyuge a prestar su consentimiento, se haya obtenido la correspondiente autorización judicial que prevé el artículo 1.377-2.º

En materia de adquisiciones a título gratuito se exigirá la concurrencia de ambos cónyuges, dados los términos del artículo 1.378, aunque en las capitulaciones matrimoniales se haya atribuido la disposición a uno de los cónyuges, salvo, en nuestra opinión, que expresamente se le haya atribuido también la disposición gratuita de los mismos. No es aplicable la autorización judicial supletoria del artículo 1.377, párrafo 2.º, ya que ésta está prevista únicamente para los actos a título oneroso.

El cónyuge en quien recaiga la administración, en caso de ser tutor o representante legal de su consorte, o cuando se le haya transferido por los tribunales, no podrá, probablemente, realizar actos de disposición a título gratuito sobre bienes gananciales.

b. Aplicación a casos concretos [23]

a. Disposición de la vivienda habitual

«Para disponer de los derechos sobre la vivienda habitual y los muebles de uso ordinario de la familia, aunque tales derechos pertenezcan a uno solo de los cónyuges, se requerirá el consentimiento de ambos o en su caso autorización judicial. La manifestación errónea o falsa del disponente sobre el carácter de la vivienda no perjudicará al adquirente de buena fe» (art. 1.320, concordante con el 96 *in fine)*. O sea, que en la enajenación o gravamen de la vivienda privativa de uno de los cónyuges debe comparecer el otro para manifestar que no se trata de la vivienda habitual de la familia, o para prestar su consentimiento si se tratare de ella. No obstante, y a pesar de la dicción literal del Código, estimamos que el consentimiento del cónyuge no propietario no puede tener la misma naturaleza que el del propietario, ya que el primero carece del poder de disposición que corresponde al segundo; más que de consentimiento debiera hablar el Código de asentimiento al negocio jurídico de disposición realizado por el cónyuge titular.

23 Al redactar este punto hemos tenido a la vista las «Notas sobre la reforma del Código Civil de 13 de mayo de 1981», del Ilustre Colegio Notarial de Valencia, que debemos a la gentileza de nuestro buen amigo el Notario de Quart de Poblet, don Vicente Espert Sanz.

b. Declaración de obra nueva

En cuanto a la declaración de obra nueva, la concurrencia necesaria de uno o de los dos cónyuges, en función del artículo 1.384, vendrá determinada por la naturaleza que se asigne a la misma. Tradicionalmente viene considerándose la obra nueva como acto de administración; sin embargo, en nuestra opinión, excede normalmente de lo que puede considerarse como tal, por ser de resultados definitivos, por regla general, por lo que estimamos que en la mayoría de los casos será necesario el consentimiento de ambos cónyuges.

c. Constitución de la propiedad horizontal

En cuanto a la constitución de la propiedad horizontal, estimamos que es un acto de disposición por tratarse de la constitución de un derecho real, por lo que será necesario el concurso de ambos cónyuges.

d. Modificación cuantitativa de fincas

La agrupación, agregación, segregación y división material de fincas han sido consideradas siempre como actos de riguroso dominio, por lo que se deberá exigir, para llevarlas a cabo, el consentimiento de los dos cónyuges. No obstante, hasta ahora, eran realizadas por el cónyuge administrador por sí sólo, ya que se consideraban actos comprendidos en sus facultades.

e. Cancelación de hipoteca

Por lo que se refiere a la cancelación de hipotecas, el párrafo 5.º del artículo 178 del Reglamento Hipotecario, que continúa vigente, dice que «bastará el consentimiento del marido para la cancelación por pago de hipotecas inscritas a su nombre que garanticen créditos gananciales». La circunstancia de que, según la legislación derogada, la cancelación de hipotecas tenía la naturaleza de acto dispositivo, y a pesar de ello se admitía la cancelación por el cónyuge titular, permite considerar que basta en la actualidad el consentimiento del mismo, de acuerdo con lo dispuesto en el artículo 1.384. Esta tesis puede fundamentarse también en el hecho de que el cobro de créditos entra en las facultades del administrador, y la hipoteca es un derecho real accesorio del mismo.

f. Contrato de préstamo

Los contratos de préstamo realizados por un cónyuge en concepto de prestatario son válidos, pero éste responderá sólo con sus bienes privativos y con la mitad de los gananciales (arts. 1.373, en relación con el 1.365).

g. Poderes

El poder a procuradores deberá ser otorgado por el cónyuge titular del crédito que se reclame, o por cualquiera de los cónyuges si se trata de bienes y derechos comunes. El poder mercantil será otorgado por el cónyuge comerciante conforme a los artículos 244 y siguientes del Código de Comercio, a los que se remite expresamente el artículo 1.365 del Código Civil en su párrafo último.

IV. LA COMPOSICION DEL PATRIMONIO GANANCIAL

La atribución de la titularidad de los bienes se realiza en función de distintos criterios: por disposición de la ley, subrogación real, accesoriedad, accesión y autonomía personal. La ley se acoge a estos distintos criterios con el fin de configurar las masas patrimoniales en virtud de los principios de equidad y justicia que deben presidir todo contenido legislativo.

Vamos a estudiar, en primer lugar, los preceptos del Código Civil reformado que disciplinan los bienes privativos.

1. Clarificación de las normas sobre el patrimonio privativo y ganancial y ampliación de la lista tradicional

a. *Bienes privativos*

El artículo 1.346 dice que «son privativos de cada uno de los cónyuges:

1.º Los bienes y derechos que le pertenecieran al comenzar la sociedad.

2.º Los que adquiera después por título gratuito.

3.º Los adquiridos a costa o en sustitución de bienes privativos.

4.º Los adquiridos por derecho de retracto perteciente a uno solo de los cónyuges.

5.º Los bienes y derechos patrimoniales inherentes a la persona y los no transmisibles inter vivos.

6.º El resarcimiento por daños inferidos a la persona de uno de los cónyuges o a sus bienes privativos.

7.º Las ropas y objetos de uso personal que no sean de extraordinario valor.

8.º Los instrumentos necesarios para el ejercicio de la profesión u oficio, salvo cuando éstos sean parte integrante o pertenencias de un establecimiento o explotación común.

Los bienes mencionados en los apartados 4.º y 8.º no perderán su carácter privativo por el hecho de que su adquisición se haya realizado con fondos comunes; pero, en este caso, la sociedad será acreedora del cónyuge propietario por el valor satisfecho».

Los cuatro primeros números del artículo 1.346 se encuentran ya contenidos en el antiguo artículo 1.396, aunque con una redacción distinta. El número primero de este último artículo consideraba propios de cada uno de los cónyuges los bienes «que aportan al matrimonio como de su pertenencia». Este artículo tiene su precedente en la ley 3, título III, libro III, del *Fuero Real* que recoge Gorosabel en el art. 45 de su Código, al afirmar que los bienes que cualquiera de los cónyuges tenía privativamente antes de la celebración del matrimonio no pertenecen a la sociedad.

En este primer grupo de bienes se integran los que pertenecían a cada uno de los cónyuges en el momento de casarse, sean bienes muebles o inmuebles, dinero o frutos, joyas o ropas, derechos de crédito y cualesquiera otras clases de bienes y derechos. Estos bienes integran el capital de la sociedad que constituye la fuente de los ingresos futuros junto con la actividad, industria o trabajo de cada uno de los esposos.

Dentro de estos bienes cabe distinguir aquellos que cada uno de los cónyuges poseía como propios y con completa independencia del matrimonio y los adquiridos como consecuencia del mismo; los que procedan de donaciones por razón de matrimonio (arts. 1.336 a 1.343)[24].

El número dos del artículo 1.396 constituye el antecedente inmediato del mismo número del vigente artículo 1.346, y dice que son privativos los bienes que cada cónyuge «adquiera, durante el (matrimonio) por título lucrativo». Según el artículo 46 del Código Civil de Gorosabel, que recoge las leyes 1 y 2, título III, libro III del *Fuero Real* y ley 5, título IV, libro X de la *Novísima Recopilación,* están excluidos de la sociedad los bienes que alguno de los cónyuges adquiere después de contraído el matrimonio a título gratuito; v. g., por sucesión testamentaria o *ab intestato,* donación o legado.

Entra en este grupo todo aquello que se adquiere privativamente por el marido o por la mujer en virtud de herencia, legado o donación, incluso los bienes donados o dejados a los esposos conjuntamente y con designación de partes determinadas en la proporción fijada por el donante o testador, y en defecto de dicha designación, por mitad, como se desprende del artículo 1.398; por lo tanto, en este caso el objeto del derecho es no una cosa determinada, sino una participación abstracta.

Deben considerarse también como adquiridos durante el matrimonio y sometidos a la regla 2.ª del ar-

24 Manresa: *Op. cit.,* t. cit., pág. 561.

tículo 1.346 los bienes que debieron adquirirse en ese período por uno de los cónyuges y que de hecho no se adquirieron sino después de disuelta la sociedad, por no haberse tenido noticias de ellos o por haberse impedido injustamente su adquisición [25].

El número tercero del artículo 1.346 procede de los números tercero y cuarto del antiguo art. 1.396, que consideraban propios de cada uno de los cónyuges los bienes adquiridos por permuta con otros bienes pertenecientes a uno solo de ellos y los comprados con dinero exclusivo de la mujer o del marido. En este grupo se incluyen los bienes privativos de cada cónyuge por sustitución o subrogación. Como dice Manresa [26], no es lo más natural ni frecuente que los bienes aportados o adquiridos se conserven siempre los mismos durante el matrimonio. Unos se consumen, otros se cambian o se venden, otros se extinguen y se sustituyen por una indemnización, etc., y todos estos hechos dan lugar a una transformación en los bienes de cada cónyuge, que van en parte y sucesivamente cambiándose o sustituyéndose por otros.

Nuestro Código acepta totalmente el principio de subrogación real, de modo que, en principio, todo lo que durante el matrimonio adquieran privativamente el marido o la mujer a costa o sustitución de bienes privativos, queda subrogado en el lugar de éstos, y se entiende que forma parte de su capital privativo. La ley únicamente exige que se demuestre esa sustitución o que resulte evidentemente cierta, pues en caso de duda se considerarán los bienes como gananciales por aplicación del artículo 1.361.

También son bienes privativos de cada uno de los cónyuges, según el artículo 1.346-4.º, los adquiridos por derecho de retracto perteneciente a uno solo de

[25] *Confer.* Manresa: *Op. cit.,* t. cit., pág. 562.
[26] *Op. cit.,* t. cit., pág. 564.

ellos. El antiguo artículo 1.396 se refería a las adquisiciones por derecho de retracto en su número 3.º

La naturaleza privativa de los bienes se determina por la naturaleza privativa del retracto, a través de cuyo ejercicio dichos bienes se adquieran, con independencia del carácter privativo o ganancial de la contraprestación; pero en este último caso la sociedad será acreedora del cónyuge propietario por el importe del valor satisfecho, según se desprende del último inciso del artículo 1.346. El precepto a que nos referimos no hace distinción entre retracto convencional y legal, por lo que hemos de entender que se refiere a ambos. El retracto convencional aparece regulado en el artículo 1.507 del Código Civil, según el cual tendrá lugar cuando el vendedor se reserve el derecho a recuperar la cosa vendida. Este derecho de recuperar la cosa vendida que se reserva el vendedor, generalmente significa algo más que un mero pacto agregado a una compraventa. No se limita a introducir una ligera variante en los efectos normales del contrato, sino que muchas veces significa, en realidad, que precisamente no interesa la compraventa como normal operación de tráfico, sino el desplazamiento de valor a que da lugar: el valor que se transmite en concepto de precio de compra sirve realmente a una finalidad de préstamo, y el valor representado por la cosa de la que el comprador se convierte en titular, equivale a poner en manos de éste una garantía del capital prestado. La posibilidad de hacer uso del retracto significa, simplemente, que el aparente vendedor y efectivo prestatario puede cancelar dicha garantía si se restituye el capital recibido [27]. Se trata, en realidad, de un negocio fiduciario; pero esto, naturalmente, no ocurre siempre.

27 Puig Brutau: *Fundamentos, cit.,* t. II-2.º, págs. 336 y 337.

Por lo que se refiere al retracto legal[28], como señala Díez-Picazo, es aquel derecho que confiere, a la persona que se encuentra en una determinada situación jurídica (arrendatario, colindante, comunero, etcétera), la facultad de adquirir una cosa determinada cuando su propietario la ha enajenado efectivamente a un tercero. Los derechos de tanteo, retracto y opción son simples facultades de adquisición que determinan la posibilidad de decidir la configuración de una situación jurídica y por ello pueden ser englobados dentro de los llamados derechos potestativos. El titular de estos derechos puede hacerlos efectivos frente a cualquiera, lo que implica atribuir a estas figuras, y concretamente al retracto, el carácter de derecho real. Díez-Picazo discrepa de esta opinión afirmando que en ningún caso atribuyen a su titular un poder directo e inmedito sobre la cosa.

El derecho de retracto convencional tendrá carácter privativo cuando la cosa cuya compraventa se haya realizado sometida al pacto de «retro», tenga la naturaleza de bien privativo perteneciente al marido o a la mujer, en el caso que nos ocupa.

Tratándose de retracto legal, recordemos que el artículo 1.521 del Código Civil señala que «es el derecho de subrogarse con las mismas condiciones estipuladas en el contrato, en el lugar del que adquiere una cosa por compra o dación en pago», y que este derecho tiene diversas manifestaciones que nos permiten distinguir entre retracto de comuneros, de colindantes, de coherederos y enfitéutico regulados en el Código Civil; en las leyes especiales de arrendamientos rústicos y urbanos se encuentran regulados, respectivamente, los derechos de retracto sobre fincas rústicas y urbanas, y el Código de Comercio regula el retracto de los copropietarios de buques.

28 *Fundamentos, cit.,* t. II, pág. 73.

En el caso que nos ocupa, el retracto de comuneros tendrá lugar cuando uno de los cónyuges sea titular privativo de una participación en una cosa común; el de colindantes, cuando sea propietario de una tierra colindante a otra cuya cabida no exceda de una hectárea, sea rústica y de cuya venta se trate, siendo necesario que reúna los requisitos establecidos en el artículo 1.523 del Código Civil, el retracto de coherederos se dará respecto de aquellas herencias deferidas en favor de uno de los cónyuges, y el enfitéutico cuando uno de los cónyuges sea, con carácter privativo, dueño directo o útil de una finca grabada con un censo enfitéutico, siempre que se vendan o den en pago los respectivos dominios sobre la finca enfitéutica (art. 1.636). Los arrendamientos rústicos y urbanos generan un derecho de retracto en favor del arrendatario y tendrán aplicación al supuesto que nos ocupa cuando dicha cualidad de arrendatario corresponda a uno de los cónyuges con carácter privativo, y, por último, el retracto del copropietario de buque nos interesa en tanto en cuanto uno de los cónyuges sea cotitular, con carácter privativo, de la propiedad del buque.

El número quinto del artículo 1.346 es nuevo en nuestro Derecho y se refiere a los derechos patrimoniales inherentes a la persona y a los no transmisibles «inter vivos», a todos los cuales considera como privativos. La solución es lógica, pues tratándose de derechos intransmisibles no se pueden comunicar a la sociedad, pero esto no resulta en el fondo ninguna novedad, sin embargo, pues en el derecho anterior ya se aplicaba esta solución por vía de interpretación. Ahora bien, sí que se presenta un interesante problema para determinar qué bienes y derechos patrimoniales pueden considerarse inherentes a la persona. En nuestra opinión esa inherencia únicamente puede darse en relación con los derechos de la personalidad, pero los derechos de la personalidad, así como los bienes o atributos que protegen son innatos a la persona, intransmisibles, irrenunciables e imprescriptibles; pero son, en general, no patrimoniales, y el precepto que comentamos se refiere a bienes y derechos patrimoniales. Unicamente el derecho de autor tiene cierto contenido patrimonial y posiblemente la propiedad industrial.

La propiedad intelectual suele ser definida como el conjunto de derechos que la ley confiere al autor de una obra intelectual sobre la misma, como producto de su inteligencia, relativos a su publicación por cualquiera de los modos de manifestación del pensamiento. Dentro de estos derechos es corriente la división entre derechos patrimoniales y morales. Los primeros son el de explotación económica de la obra (producto de la venta de sus ejemplares, premios que le sean concedidos, etc.), y el de transmitir, gravar y renunciar a su derecho de propiedad sobre la obra literaria, científica o artística.

Los derechos morales, en cambio, aspiran a la protección de la pura creación intelectual, y entre ellos se incluyen el derecho a decidir la publicación de la obra; el derecho a la paternidad de la misma y que aquélla conste mediante la inserción del nombre del autor; el derecho a impedir que la obra sea modificada o alterada por terceras personas, y, por último, el derecho de retractación y de arrepentimiento en virtud del cual el autor puede ordenar que se retire de la circulación su obra o publicar y divulgar otra retractándose de la anterior, si bien con la obligación de indemnizar los perjuicios que se causen a otras personas, como editor, distribuidores, etc. [29].

El artículo 1.346, en su número sexto, considera privativo el resarcimiento por daños inferidos a la per-

[29] Díez-Picazo: *Fundamentos, cit.,* t. cit., págs. 389 y ss.

sona de uno de los cónyuges y a sus bienes privativos. En realidad poco se puede decir de este precepto, dada su evidente lógica. Daños inferidos a la persona son aquellos que se han producido en la llamada esfera personal del individuo. La persona no es exclusivamente para el derecho civil el titular de derechos subjetivos, el sujeto de relaciones jurídicas. Se debe contemplar y proteger sobre todo al ser humano, a sus atributos físicos y morales y a todo lo que suponga el desarrollo y desenvolvimiento del mismo. El resarcimiento por daños a que se refiere la norma que comentamos comprenderá la indemnización por los daños inferidos a uno de los cónyuges en los llamados bienes y derechos de la personalidad, su derecho a la vida, integridad física, su libertad, su honor, su intimidad personal, su derecho sobre su propia imagen, su propiedad intelectual, su nombre y también las procedentes de daños causados en los bienes que conforme a lo dispuesto en el Código deben considerarse privativos [30].

El número séptimo del artículo que comentamos considera como privativos de cada uno de los cónyuges las ropas y objetos de uso personal que no sean de extraordinario valor. La única cuestión que se plantea es la de determinar cuándo las ropas y objetos personales pueden considerarse de extraordinario valor. Creemos que es éste un concepto que debe medirse en relación con la cuantía del patrimonio familiar, de tal modo que una misma cosa puede tener un valor extraordinario para una familia y mezquino para otra.

Por último, el número ocho también representa una novedad en nuestro Derecho y constituye una manifestación del deseo de la Ley de proteger al individuo, reconociéndole la propiedad privativa de los instru-

30 Díez-Picazo: *Fundamentos, cit.*, t. cit., págs. 371 y ss.

mentos necesarios para el ejercicio de la profesión u oficio, con la excepción de que éstos sean parte integrante o pertenencias de un establecimiento o explotación de carácter común. Estos bienes no pierden su carácter privativo por el hecho de que su adquisición se haya realizado con fondos comunes, pero en este caso, según disposición de la ley, la sociedad será acreedora del cónyuge propietario por el valor satisfecho.

También se consideran privativos por disposición de la ley las nuevas acciones u otros títulos o participaciones sociales suscritos como consecuencia de la titularidad de otros privativos y las cantidades obtenidas por la enajenación del derecho a suscribir, todo ello conforme al artículo 1.352, cuyo estudio realizaremos más adelante, por no ser de este lugar.

Tratándose de bienes adquiridos por uno de los cónyuges durante la sociedad y por precio aplazado, si el primer desembolso tuviere carácter privativo, el bien será de esta naturaleza (artículo 1.356). Los bienes comprados a plazos por uno de los cónyuges, antes de comenzar la sociedad, tendrán siempre carácter privativo, aun cuando la totalidad o parte del precio aplazado se satisfaga con dinero ganancial. Se exceptúan la vivienda y ajuar familiares respecto a los cuales se aplicará el artículo 1.354 (artículo 1.357).

De los artículos 1.356 y 1.357 parece deducirse que en el caso de compras a plazos es decisivo, para determinar la titularidad de los bienes, dilucidar si el primer plazo se pagó con dinero ganancial o privativo. El pago de los restantes plazos puede servir para crear una fuente de derechos de crédito y deudas respectivamente entre las distintas masas matrimoniales, pero no tiene influencia en la atribución de la titularidad.

El artículo 1.348 establece que «siempre que pertenezca privativamente a uno de los cónyuges una cantidad o crédito pagaderos en cierto número de años, no serán gananciales las sumas que se cobren en los plazos vencidos durante el matrimonio, sino que se estimarán capital del marido o de la mujer, según a quien pertenezca el crédito». Este artículo reproduce, casi literalmente, el artículo 1.402 en su redacción primitiva. No tiene precedentes en las leyes antiguas, y su doctrina se limita a señalar que son gananciales los frutos, rentas o intereses de los bienes propios de cada uno de los cónyuges; pero no los mismos bienes o capitales de los que nacen los citados frutos, rentas o intereses que tendrán carácter privativo, aunque su importe deba abonarse en plazos sucesivos.

Por lo que se refiere al «derecho de usufructo o de pensión, perteneciente a uno de los cónyuges», dice el artículo 1.349 que «formará parte de sus bienes propios; pero los frutos, pensiones o intereses devengados durante el matrimonio serán gananciales». Reproduce este artículo, casi a la letra, el párrafo primero del antiguo 1.403. Los precedentes legales de esta norma se encuentran, según Manresa[3], en las leyes 68 y 78, título III, lib. XXIII, y ley 57, título III, libro XXIV, del *Digesto*.

Dedícase este artículo, según el citado autor, a determinar lo que en ciertos casos dudosos debe estimarse capital y lo que debe considerarse fruto o renta, aplicando las ideas generales consignadas en otros lugares del Código; tanto en el usufructo como en la pensión existe un derecho superior y distinto de los frutos y de las pensiones periódicamente abonadas. Este derecho se considera como capital privativo, mientras los frutos, rentas o cantidades satisfechas en concepto de pensiones periódicas son gananciales.

31 *Op. cit.*, t. cit., pág. 596.

b. Bienes gananciales.

El artículo 1.347 dice que «son bienes gananciales:

1.° Los obtenidos por el trabajo o la industria de cualquiera de los cónyuges.

2.° Los frutos, rentas e intereses que produzcan tanto los bienes privativos como los gananciales.

3.° Los adquiridos a título oneroso a costa del caudal común, bien se haga la adquisición para la comunidad, bien para uno solo de los esposos.

4.° Los adquiridos por derecho de retracto de carácter ganancial, aun cuando lo fueran con fondos privativos, en cuyo caso la sociedad será deudora del cónyuge por el valor satisfecho.

5.° Las empresas y establecimientos fundados durante la vigencia de la sociedad por uno cualquiera de los cónyuges a expensas de los bienes comunes. Si a la formación de la empresa o establecimiento concurren capital privativo y capital común, se aplicará lo dispuesto en el artículo 1.354».

Los tres primeros números del artículo 1.347 reproducen, casi literalmente, al antiguo artículo 1.401; los números 4.° y 5.° constituyen una novedad.

El número primero considera como gananciales los bienes obtenidos por el trabajo o la industria de cualquiera de los cónyuges. Tiene su precedente inmediato en el número 2 del antiguo artículo 1.401, según el cual tenían el carácter de gananciales los bienes obtenidos por la industria, sueldo o trabajo de los cónyuges o de cualquiera de ellos, que a su vez procede de la ley 1, tít. III, lib. III del *Fuero Real,* según la cual los bienes que cualquiera de los cónyuges adquiera por cualquier título que sea, por su trabajo o industria, pertenecen a la sociedad [32].

[32] Gorosabel: *Op. cit.,* art. 44-1.°

Comprende los sueldos o salarios devengados periódicamente por trabajo manual o intelectual, los honorarios o derechos obtenidos en el ejercicio de un cargo o profesión, los beneficios obtenidos de una empresa de cualquier naturaleza y, en general, cualesquiera que se obtengan por uno solo o por los dos cónyuges, todo lo cual tiene naturaleza ganancial y corresponde por mitad a cada uno de los esposos.

Este reparto de los ingresos puede parecer injusto en los casos en que sólo trabaja el esposo; pero no es posible desconocer la influencia que incluso en la obtención de esos beneficios tiene la mujer que permanece en el hogar realizando unas actividades que, de tener que encomendarlas a otra persona, supondrían un dispendio cuantioso, aparte de que, en la actualidad, son muchas las mujeres que aportan unos ingresos periódicos a la economía familiar.

El número segundo del artículo a que nos venimos refiriendo considera gananciales los frutos, rentas o intereses que produzcan, tanto los bienes privativos como los gananciales. Su antecedente inmediato se encuentra en el número tercero del artículo 1.401, recientemente derogado, que consideraba gananciales los frutos, rentas o intereses percibidos o devengados durante el matrimonio, procedentes de los bienes comunes o de los peculiares de cada uno de los cónyuges. El antecedente remoto de esta norma se encuentra en la Ley 4, tít. IV, lib. X de la *Novísima Recopilación,* y Ley 3, tít. III, lib. III, del *Fuero Real.*

En el concepto de frutos, rentas o intereses hay que comprender tanto los frutos naturales como los industriales o civiles que procedan de los bienes privativos y de los gananciales. Corresponde a la sociedad de gananciales todo lo que pueda considerarse como fruto, conforme a lo establecido para el usufructo.

Los frutos naturales y los industriales sólo se reputan tales cuando están manifiestos o nacidos, respecto de los animales bastará que se encuentren en el vientre de la madre, aunque no hayan nacido (art. 357). Los frutos civiles se perciben día a día, los naturales e industriales cuando se alzan o separan.

El párrafo 3.º reproduce, casi literalmente, el antiguo párrafo 1.º del art. 1.401, que se funda en la Ley 1.ª, tít. III, lib. III, del *Fuero Real,* y Ley 1.ª, tít. IV, lib. X, de la *Novísima Recopilación,* que establecía que toda cosa que el marido y la mujer ganaren o compraren «estando de consuno hayanlo ambos de por medio».

En este punto, el Código acepta plenamente el principio de subrogación real, de manera que todo lo que durante el matrimonio se adquiera a cargo del caudal común por un título oneroso, pasará a formar parte del patrimonio ganancial. Cuando se demuestre que la contraprestación se realizó a costa del caudal común, no existirá ninguna dificultad en atribuir el mismo carácter al bien adquirido, pero incluso cuando no se demuestre, dicho bien tendrá carácter ganancial mientras no se pruebe el carácter privativo de la contraprestación, ya que juega en este sentido la presunción de ganancialidad del artículo 1.361.

El número 4.º del artículo a que nos venimos refiriendo, considera gananciales los bienes adquiridos por derecho de retracto de carácter ganancial. Constituye una novedad cuyo alcance hay que insertarlo, en su caso, como una excepción al artículo 1.346-3.º, que constituye la regla general en materia de adquisiciones a costa o en sustitución de bienes privativos, por aplicación del principio de subrogación real, ya que el bien adquirido tendrá naturaleza ganancial aun cuando lo fuera con fondos privativos, en cuyo caso la sociedad será deudora del cónyuge por el valor satisfecho. Por lo tanto, el equilibrio entre las masas patrimoniales se mantiene, en todo caso, por la vía del reconocimiento de un crédito contra la sociedad, en favor del otro cónyuge y por el importe del precio o contraprestación.

El número 5.º implica otra manifestación del principio de subrogación real: considera gananciales las empresas y establecimientos fundados durante la vigencia de la sociedad por cualquiera de los cónyuges, a expensas de los bienes comunes. Pero si concurre a la fundación capital privativo y ganancial, corresponderá «pro indiviso» a la sociedad y al cónyuge o cónyuges en proporción al valor de sus aportaciones respectivas. Parece por ello que se constituye una comunidad romana cuya titularidad se reparten por partes proporcionales la sociedad de gananciales, el marido y la mujer, por aplicación del artículo 1.354. Pero esto nos plantea una seria dificultad, puesto que la sociedad de gananciales carece de personalidad jurídica y no puede situarse en un mismo plano de igualdad con cada uno de los cónyuges en este aspecto. El problema, sin embargo, se resuelve si lo situamos en un plano estrictamente económico, que es lo que la ley pretende, en nuestra opinión. La titularidad formal de la empresa o establecimiento pertenecerá normalmente al cónyuge fundador, pero los beneficios o pérdidas, así como el patrimonio de la empresa o establecimiento en caso de liquidación, pertenecerá a la sociedad de gananciales o al patrimonio de cada uno de los cónyuges en proporción al valor de las aportaciones respectivas.

Este precepto nos plantea una interesante cuestión en relación a qué debemos considerar como empresa y establecimiento. El problema del concepto jurídico de la empresa es uno de los más complejos que se presentan hoy al jurista.

Desde un punto de vista económico, criterio del que es necesario partir, la empresa ha sido definida por economistas y juristas con bastante afinidad. Así, James la define como «organismo que tiene como finalidad esencial la de producir para el mercado de bienes y servicios, con independencia financiera de otro organismo». Truchy, por otra parte, la describe como «unidad económica en la cual se agrupan y coordinan los factores humanos y materiales de la actividad económica». Y Mossa, con un sentido más esquemático, afirma que la empresa es «un organismo económico formado por la aportación de capital y de trabajo».

Parece, pues, que lo que define la existencia de la empresa, desde un punto de vista económico, es la presencia de los siguientes elementos:

a) Ser una unidad económica organizada.
b) Estar integrada por capital y trabajo.
c) Poseer como finalidad esencial la de producir o mediar en el mercado de bienes o de servicios.

Desde un punto de vista jurídico, el concepto de empresa presenta graves dificultades. Existen autores que afirman la imposibilidad de obtener un concepto jurídico de la misma de contornos precisos y bien delimitados. En este sentido se producen Picard y Esmein y Vedel. Otro grupo de autores formulan un concepto jurídico de la empresa radical o parcialmente distinto del económico que nos proporciona la realidad social, concepto que, además, no es unitario porque se predica distinto para cada rama o disciplina jurídica. Este es el caso, por ejemplo, de la doctrina italiana y de Gieseke y Gierke de la doctrina alemana.

En opinión de Broseta, hay que admitir un concepto unitario de empresa, que es válido para todas las disciplinas jurídicas, y dicho concepto jurídico debe coincidir necesariamente con el concepto económico de la misma. Lo que ocurre es que cada disciplina jurídica regula sólo una parcela del total fenómeno económico que es la empresa.

Desde un punto de vista jurídico, la empresa ha de ser entendida como la organización de capital y de trabajo, para la producción o mediación en el mercado de los bienes o de los servicios. Auletta ha dicho que la empresa es «un complejo de derechos reales y de créditos, así como de relaciones contractuales en curso de ejecución, mediante los cuales el titular de la empresa se asegura la disponibilidad de los bienes y servicios organizados, para el ejercicio de una actividad».

Desde nuestro punto de vista es interesante destacar que por razón de su entidad económica, las empresas se clasifican en pequeñas, medianas y grandes, y aun cuando es muy difícil establecer los límites que separan unas de otras, la pequeña empresa presupone la existencia de dos elementos:

a) Capital y trabajo, aunque de ínfima entidad, y

b) Estar ambos organizados en función de una finalidad de producción o de mediación en el mercado de bienes o de servicios. Así pueden considerarse como pequeños empresarios los campesinos que cultivan directamente la tierra, los artesanos, los pequeños comerciantes y quienes ejercen una actividad profesional organizada preferentemente con el trabajo propio y el de los miembros de su familia; pequeñas empresas son, por ejemplo, ciertas clínicas, ciertos despachos o bufetes de abogados, ciertas notarías, instrumentos todos ellos para el ejercicio de una actividad económica consistente en el desempeño de una profesión liberal [33].

[33] *Confer.* Broseta Pont: «La empresa como objeto de tráfico jurídico», en *La problemática jurídica actual de la empresa,* publicación del Ilustre Colegio de Abogados de Va-

Estas pequeñas empresas son las que una mayor incidencia pueden tener en función del precepto que comentamos, ya que las grandes y medianas conectarán, normalmente, con el derecho de familia patrimonial, a través de títulos-valores, pues, de ordinario, estarán constituidas en forma de sociedades anónimas o de responsabilidad limitada, y su régimen será el establecido por el artículo 1.352 y 1.384, y los preceptos concordantes relativos a la propiedad mobiliaria, o mejor aplicables a la misma.

El concepto de establecimiento resulta menos polémico que el de empresa. Establecerse es dedicarse a una actividad estable; el establecimiento es la sede física de la empresa, el lugar material donde se desarrolla una actividad, preferentemente económica. En este sentido son establecimientos las tiendas, locales de distribución y locales accesorios.

El artículo 87 del Código de Comercio habla de las compras y ventas verificadas en establecimientos; el artículo 86 parece equiparar el concepto de tienda al de establecimiento público, y el artículo 85 se refiere a la compra de mercaderías en almacenes o tiendas abiertas al público. De todos estos preceptos deduce la doctrina que el Código de Comercio considera como establecimientos a las tiendas y almacenes.

El artículo 1.350 estima gananciales «las cabezas de ganado que al disolverse la sociedad excedan del número aportado por cada uno de los cónyuges con carácter privativo». Su antecedente inmediato se encuentra en el artículo 1.405 del Código Civil, en su

lencia, 1965, págs. 18 y ss. También puede verse sobre este punto De la Cámara: «La venta de la empresa mercantil: principales problemas que plantea», en *Anales de la Academia Matritense de Notariado,* t. XXIV, pág. 292, Conferencia pronunciada el 26 de junio de 1980.

redacción originaria, según el cual «siempre que la dote o el capital de la propiedad del marido estuvieren constituidos, en todo o en parte, por ganados que existan al disolverse la sociedad, se reputarán gananciales las cabezas de ganado que excedan de las que fueron aportadas al matrimonio».

Este artículo no tiene dificultad alguna en orden a su interpretación. Está pensado para una economía agraria y, en su versión vigente, excluye la mención de la dote y del capital propiedad del marido, habida cuenta de que al desaparecer la dote y los parafernales de nuestra legislación cabe unificar en una dicción unitaria las aportaciones del marido y de la mujer con carácter privativo.

Según el artículo 1.351, las «ganancias obtenidas por el marido o la mujer en el juego o las procedentes de otras causas que eximan de la restitución pertenecerán a la sociedad de gananciales». Este artículo reproduce el antiguo 1.406, con exclusión de su última frase («sin perjuicio en su caso de lo dispuesto en el Código Penal»), ya que al ser despenalizado el juego, debía traducirse esta circunstancia al Derecho Civil.

Las ganancias procedentes de un premio de lotería son, evidentemente, gananciales, así como las obtenidas en cualquier otro juego. En cuanto a las procedentes de otras causas que eximan de la restitución, están evidentemente comprendidas en ellas las cantidades y objetos procedentes de apuestas, rifas y cuanto suponga un lucro obtenido sin esfuerzo, por suerte, casualidad o acontecimiento fortuito. En este caso se encuentra la parte del tesoro descubierto por casualidad [34].

El artículo 1.353 establece que «los bienes donados o dejados en testamento a los cónyuges conjuntamen-

[34] Manresa: *Op. cit.*, t. cit., pág. 612.

te y sin especial designación de partes, constante la sociedad, se entenderán gananciales, siempre que la liberalidad fuere aceptada por ambos y el donante o testador no hubiere dispuesto otra cosa». Este artículo debe ser puesto en relación con el 637, apartado 2.º, que determina que las donaciones hechas conjuntamente a marido y mujer, suponen el derecho de acrecer siempre que el donante no hubiere dispuesto lo contrario.

Del artículo 637 parece deducirse que las donaciones conjuntas a los cónyuges les pertenecerán por cuotas abstractas en comunidad romana; sin embargo, el artículo 1.353 considera los bienes donados en este caso como gananciales.

La contradicción parece evidente; pero por ser el artículo 1.353 posterior al 637, creemos que debe prevalecer aquél sobre éste, y que las donaciones conjuntas tendrán carácter ganancial.

El artículo 1.356 señala que «los bienes adquiridos por uno de los cónyuges, constante la sociedad por precio aplazado, tendrán naturaleza ganancial si el primer desenvolso tuviera tal carácter, aunque los plazos restantes se satisfagan con dinero privativo». A este artículo ya nos hemos referido anteriormente.

2. Atribución de la titularidad en función del principio de subrogación real

La subrogación real es una figura jurídica admitida por la jurisprudencia y por la generalidad de las legislaciones europeas. Las primeras formulaciones del principio de subrogación real nacen en Francia, donde es considerada por la jurisprudencia como una ficción jurídica en virtud de la cual, al entrar una cosa en el patrimonio de una persona, se sitúa en el lugar de otra que sale de él, revistiendo una o varias cualidades de la antigua.

En análoga línea, Aubry y Rau entienden que todos los bienes de un patrimonio conllevan, como tales bienes, la idea de un valor pecuniario, revistiendo, por ello, el carácter de cosas fungibles. Con este presupuesto, la subrogación real aparece como una ficción por la que un objeto reemplaza a otro por venir a pertenecer a la persona que era propietaria del anterior, revistiendo su misma naturaleza jurídica. El fundamento se coloca así en la fungibilidad de los bienes en el patrimonio y es admisible tanto en las universalidades de hecho como de derecho.

Planiol, por el contrario, elabora su teoría partiendo de la idea de que la subrogación real supone a una misma persona titular de dos patrimonios, momentáneamente reunidos en su poder, o que tiene un patrimonio dividido en varias categorías. La subrogación pretende el restablecimiento de la composición primitiva, ingresando el bien nuevo en el patrimonio o categoría de donde salió. La subrogación real debe admitirse siempre que se trate de conservar para su destino el valor de un bien sometido a una afectación especial, y siempre que se trate de asegurar la restitución de un cuerpo de bienes. Fuera de este supuesto, sólo la ley o la voluntad de las partes pueden establecerla [35].

El principio de subrogación real es aplicado por el legislador para determinar la naturaleza privativa o ganancial de los bienes en diversos supuestos.

En efecto, el artículo 1.346-3.° considera bienes privativos los adquiridos a costa o en sustitución de bienes privativos, como hemos visto; el artículo 1.347-3.° considera gananciales los bienes adquiridos a título

35 Díez-Picazo Gullón: *Sistema de Derecho Civil,* t. I, 3.ª edición, Ed. Tecnos, Madrid, 1979, págs. 453 y ss.

oneroso a costa del caudal común, como también hemos visto, y el artículo 1.354 determina que «los bienes adquiridos mediante precio o contraprestación, en parte ganancial y en parte privativo, corresponderán "pro indiviso" a la sociedad de gananciales y al cónyuge o cónyuges en proporción al valor de las aportaciones respectivas». Se constituye, por lo tanto, una comunidad romana en la cual la participación de la sociedad de gananciales y del cónyuge o cónyuges será proporcional al valor de las respectivas contraprestaciones, por lo que se produce una subrogación de las respectivas cuotas en el lugar de las respectivas contraprestaciones.

3. Autonomía en la atribución de la titularidad de los bienes

La autonomía privada como poder de la persona de gobernar sus propios intereses se encuentra en íntima relación con el carácter imperativo o dispositivo de las normas jurídicas. Frente al derecho imperativo no cabe sino ajustarse al contenido de la ley, ya que como se desprende del artículo 6.º-3 del Código Civil, «los actos contrarios a las normas imperativas y prohibitivas son nulos de pleno derecho, salvo que en ellas se establezca un efecto distinto para el caso de contravención».

Tradicionalmente, en nuestro Derecho, la determinación de la naturaleza ganancial o privativa de los bienes de la sociedad conyugal estaba regida por normas de carácter imperativo, por lo que no cabía, en este punto, el ejercicio de la autonomía privada. Sin embargo, la ley de 13 de mayo de 1981 altera estos planteamientos introduciendo el principio dispositivo en orden a la posibilidad de que la autonomía privada de los cónyuges pueda determinar la condición de los bienes. El artículo 1.355 establece que «podrán los cónyuges, de común acuerdo, atribuir la condición de gananciales a los bienes que adquieran a título oneroso durante el matrimonio cualquiera que sea la procedencia del precio o contraprestación y la forma y plazos en que se satisfaga».

En principio parece extraño que puedan los cónyuges atribuir la condición de gananciales a unos bienes, cualquiera que sea la procedencia del precio o contraprestación, aunque se limite a los bienes adquiridos a título oneroso durante el matrimonio. Sin embargo, esta posibilidad resulta congruente con la de modificar las capitulaciones matrimoniales y la de alterar el régimen económico de bienes durante el matrimonio y también con la posibilidad que en la actualidad tienen los cónyuges de celebrar contratos y de hacerse donaciones. Es más, este precepto es posible gracias a estas modificaciones previas en nuestro derecho positivo, que han transformado en normas de derecho dispositivo una pluralidad de preceptos imperativos y prohibitivos.

Ahora bien, estimamos que la atribución a determinados bienes de la condición de gananciales por la voluntad de los cónyuges no podrá perjudicar los derechos de los acreedores ni de los legitimarios, estando sometida a posible impugnación por parte de éstos.

4. Atribución de la titularidad en función del principio de accesoriedad

El artículo 1.352 ordena que «las nuevas acciones u otros títulos o participaciones sociales suscritos como consecuencia de la titularidad de otros privativos serán también privativos. Asimismo, lo serán las cantidades obtenidas por la enajenación del derecho a suscribir. Si para el pago de la suscripción se utilizaren fondos comunes o se emitieran las acciones con cargo a los beneficios, se reembolsará el valor satisfecho» [36].

Este artículo viene a zanjar una fuerte controversia en cuanto a la titularidad de los títulos-valores adquiridos en función de la propiedad de otros títulos de carácter privativo. Fundamentalmente se pueden distinguir en el derecho anterior las siguientes opiniones doctrinales:

Los títulos adquiridos en virtud de un derecho preferente emanado de títulos-valores de carácter privativo debían considerarse bienes privativos, aunque el desembolso de la suscripción se hubiera pagado con bienes gananciales. Pero la jurisprudencia, aunque con vacilaciones, consideró este derecho de adquisición preferente como un fruto, y dado que los frutos de los bienes privativos corresponden a la sociedad de gananciales, las nuevas acciones adquiridas debían considerarse como bienes comunes.

La cuestión era determinar si el referido derecho de adquisición preferente podía considerarse o no como un fruto. La doctrina mercantilista mayoritariamente estimó que no podía considerarse como tal, pues el artículo 41 de la Ley de Sociedades Anónimas atribuye al usufructuario únicamente el derecho a participar en las ganancias sociales que habiendo sido obtenidas durante el período del usufructo se repartan dentro del mismo; el ejercicio de los demás derechos de socio corresponde, salvo disposición con-

[36] «En toda elevación de capital con emisión de nuevas acciones, los antiguos accionistas podrán ejercitar, dentro del plazo que a este efecto les conceda la administración de la Sociedad, y que no será inferior a un mes, el derecho a suscribir en la nueva emisión un número de acciones proporcional al de las que posean» (artículo 92 de la Ley de Sociedades Anónimas de 17 de julio de 1951).

traria de los estatutos, al nuevo propietario de las acciones, y entre estos derechos se encuentra el de suscripción preferente. O sea que no se consideraba fruto, por lo que era un derecho privativo, y por ello las acciones adquiridas por razón del mismo tenían carácter privativo también por aplicación de la regla tercera del antiguo artículo 1.396.

El vigente artículo 1.352 resuelve, como hemos visto, la cuestión con fundamento en el principio de accesoriedad; los títulos o participaciones sociales suscritos como consecuencia de la titularidad de otros privativos serán también privativos. También lo serán las cantidades obtenidas por la enajenación del derecho a suscribir, pero aquí, en virtud del principio de subrogación real. Si para el pago de la suscripción se utilizan fondos comunes o se emiten las acciones con cargo a beneficios, se reembolsará el valor satisfecho (tendencia al equilibrio de las masas patrimoniales).

Como observa Lacruz [37], con arreglo a este precepto la porción de beneficios de una sociedad que ha pasado a la cuenta de reservas, en principio, queda de la exclusiva propiedad de los accionistas (del cónyuge accionista en su caso). Y esto, dice, no es justo porque permite sustraer a la comunidad conyugal esa fracción de los beneficios sociales que, afectada a las reservas, podrá ser distribuida más tarde bajo la forma de nuevas acciones. Ciertamente el artículo 1.352 obliga a reembolsar el valor de las acciones que se distribuyan con cargo a los beneficios (supone que será a los beneficios obtenidos durante el matrimonio), pero no el plusvalor de las acciones que se ofrecen en suscripción a los antiguos accionistas a la par, y, por consiguiente, regalándoles la participación en el fondo de reserva. Nos encontramos, pues, con que según

37 *Op. cit., loc. cit.*, pág. 31.

sea el humor de la Asamblea General, las ganancias de la sociedad pueden pasar a ser bienes gananciales, si se distribuyen como beneficio, o no serlo, si se las queda la sociedad aumentando sus bienes de capital.

Económicamente, las ganancias que obtiene la sociedad son siempre una renta, y de algún modo la comunidad de gananciales debería tener acceso a ellas. El hecho de invertir las ganancias en la propia sociedad no les arrebata, desde un punto de vista económico, su condición de ganancia. Es cierto que la reinversión de los beneficios de la sociedad en las cuentas de capital de la misma no se decide libremente por el esposo accionista o partícipe en todas las ocasiones, pues a veces le viene impuesta por los órganos de la sociedad, acaso contra su voluntad. Pero económicamente, continúa Lacruz, esta reinversión conserva el carácter que tenía antes de su destino al fondo de reserva: constituye siempre una ganancia, que como tal hubiera debido recaer en la comunidad de gananciales y le ha sido confiscada. Cuando proceda el reembolso a la sociedad de gananciales de los fondos comunes empleados para suscribir nuevas acciones, o bien el nominal de las que emitieron con cargo a beneficios (es dudoso que se pueda reclamar su precio de cotización), el valor satisfecho tomado de los fondos comunes que se ha de reembolsar se computará teniendo en cuenta la pérdida de valor de la moneda en el momento en que el reembolso se hace efectivo.

5. Atribución de la titularidad en función del principio de accesión

El artículo 1.359-1.° dice que «las edificaciones, plantaciones y cualesquiera otras mejoras que se realicen en los bienes gananciales y privativos tendrán el carácter correspondiente a los bienes a que afecten, sin perjuicio del reembolso del valor satisfecho». Este artículo contempla el mismo supuesto de hecho que regulaba el antiguo artículo 1.404, si bien, atribuyéndole unas consecuencias jurídicas diametralmente opuestas. El viejo artículo 1.404 señalaba que «las expensas útiles hechas en los bienes peculiares de cualquiera de los cónyuges mediante anticipaciones de la sociedad o por la industria del marido o de la mujer, son gananciales. Lo serán también los edificios construidos durante el matrimonio en el suelo propio de uno de los cónyuges abonándose el valor del suelo al cónyuge a quien pertenezca».

El artículo 1.404, que tenía sus precedentes en la Ley 3.ª, tít. IV, lib. III, del *Fuero Real,* y en la Ley 9.ª, tít. IV, lib. III, del mismo, comprendía dos preceptos distintos: uno relativo a las expensas útiles realizadas en bienes propios de uno de los esposos y otro relativo a edificios construidos en solar privativo de uno de ellos.

La cuestión más importante era la contenida en este segundo párrafo, que dio lugar a lo que la doctrina denominaba accesión inversa. La regla general de la accesión supone que lo accesorio sigue a lo principal, y en materia de edificación, plantación y siembra el suelo es siempre la cosa principal. En este supuesto de que tratamos era la cosa principal, el suelo, el que seguía al edificio o cosa accesoria; posiblemente el fundamento de esta disposición se encontraba en la circunstancia de que el valor del edificio suele ser muy superior al valor del suelo. No obstante, se trataba de un precepto de excepción sometido a interpretación restrictiva.

Como hemos visto, el artículo 1.359, apartado 1.º, somete las edificaciones, plantaciones y cualesquiera otras mejoras que se realicen en los bienes gananciales, y también en los privativos, a la regla general en materia de accesión, y tendrán el carácter que corresponda a los bienes a que afecten.

Un cambio tan radical en la legislación no puede por menos de suscitar importantes problemas de derecho transitorio. ¿Cuándo debe aplicarse la accesión inversa y cuándo la nueva solución del Código?

Parece que, por aplicación de la disposición transitoria primera del Código Civil, la accesión inversa se aplicará a las construcciones realizadas hasta el 8 de junio de 1981, fecha de entrada en vigor de la ley de 13 de mayo del mismo año, y la nueva reglamentación a las edificaciones realizadas con posterioridad a dicha fecha. No obstante, estas afirmaciones dejan sin resolver algunas cuestiones a las que nos referiremos en el apartado siguiente.

a. Aspecto registral [38]

La declaración de obra nueva sobre finca privativa en el régimen de la sociedad de gananciales plantea las siguientes cuestiones:

1.º Efectos de las inscripciones de declaración de obra nueva sobre solar privativo, practicadas antes de la entrada en vigor de la nueva ley, en orden a los actos de disposición posteriores sobre el edificio.

2.º Cuando ha de hacerse la declaración de obra nueva para que no se produzca la accesión invertida.

En cuanto al primer problema, parece que con arreglo a la disposición transitoria primera del Código Civil, el derecho del cónyuge no propietario a considerar como ganancial el suelo y el vuelo, se regirá por la legislación anterior y no puede ser perjudicado por la nueva ley de reforma. La dificultad se plantea porque bajo el régimen del antiguo artículo 1.404 la

[38] V, nota 14.

doctrina dudaba sobre el momento en el cual se verificaba la transmisión de la propiedad del solar: si al comienzo de las obras, a su terminación o en el momento de liquidación de la sociedad conyugal.

La opinión más generalizada, y aceptada por la Dirección General de los Registros, parece ser la de que la absorción del suelo por la sociedad de gananciales se produce a la terminación de las obras, y, por lo tanto, ha tenido lugar ya en las declaraciones de obra nueva inscritas antes del 8 de junio de 1981, por lo que para los actos de disposición del edificio, al amparo de la nueva legislación, será necesaria la intervención de ambos cónyuges.

Por lo que se refiere al segundo problema, hay que afirmar que los edificios cuya declaración de obra nueva tenga lugar a partir de la entrada en vigor de la nueva ley deberán ser inscritos a nombre del propietario del solar.

6. Presunción de ganancialidad

Según el artículo 1.361, «se presumen gananciales todos los bienes existentes en el matrimonio mientras no se pruebe que pertenecen privativamente al marido o a la mujer». Según el artículo 1.355, en su párrafo segundo, las adquisiciones hechas en forma conjunta y sin atribución de cuotas tienen carácter ganancial por presumirse que es ésta la voluntad de los cónyuges. El artículo 1.361 reproduce casi literalmente el antiguo artículo 1.407. La necesidad de dictar una regla para el supuesto de no constar con claridad si un determinado bien debía ser considerado ganancial, fue sentida ya en nuestro derecho histórico. Y en este sentido se produce la ley 4.ª, tít. IV, libro X de la Novísima Recopilación, que recoge la ley 203 de las de Estilo.

En la sociedad de gananciales, dice Manresa [39] hay muchos bienes y derechos y se hacen multitud de gastos sin que conste la procedencia del dinero invertido. Había que decidirse, por ello, bien por dar entero crédito a las manifestaciones de los interesados, o de uno de ellos, o presumir el carácter ganancial en cuanto no pueda probarse que pertenecía privativamente a uno de los cónyuges. Esta regla pareció la más justa desde los tiempos más antiguos, y así debe ser cuando no sólo no se ha alterado en nuestro derecho a pesar del transcurso de los siglos, sino que los códigos de todas las naciones que aceptan el sistema de gananciales o se ocupan de él repiten el mismo principio.

Hemos de reconocer, sin embargo, que al admitirse por la ley de reforma la contratación entre cónyuges, las donaciones y la posibilidad de decidir de común acuerdo, en ciertas condiciones, el carácter ganancial de los bienes, la presunción que nos ocupa ha perdido, indudablemente, gran parte de su importancia. Sin embargo, como observa Lacruz [40], ésta presunción favorece a los acreedores que tienen acción sobre el conjunto de los bienes comunes: cuando embargan uno de ellos, corresponde al cónyuge que no está personalmente obligado por la deuda la carga de probar que el bien embargado es privativo suyo. Correlativamente la presunción perjudica a los acreedores, a quienes la ley no permite perseguir el cobro de sus créditos, sino sobre los bienes privativos de su deudor, pues sobre los bienes comunes no podrán cobrar sino por la mitad correspondiente a su deuda y después de hacer disolver la sociedad la gananciales.

Frente a la presunción de ganancialidad, el artículo 1.324 establece que «para probar entre cónyuges

39 *Op. cit.*, t. cit., págs. 614 y ss.
40 *Op. cit.*, *loc. cit.*, pág. 32.

que determinados bienes son propios de uno de ellos, será bastante la confesión del otro, pero tal confesión por sí sola no perjudicará a los herederos forzosos del confesante ni a los acreedores, sean de la comunidad o de cada uno de los cónyuges».

La nueva ley permite disponer directamente de los bienes que se encuentran a nombre de uno de los cónyuges sin necesidad de probar su carácter privativo, es decir, continúa diciendo Lacruz, séanlo o no, pero en él se sigue planteando el problema de la prueba de la procedencia de los bienes especialmente difícil tratándose de sumas de dinero. Esta dificultad no sólo se produce en cuanto al dinero que se posee inmediatamente, sino también para las cuentas bancarias, pues el hecho de estar la cuenta a nombre de uno de los cónyuges permitirá a éste, en virtud del artículo 1.384, disponer del dinero, pero no es suficiente para demostrar la propiedad del mismo.

V. FUNCIONAMIENTO DE LAS MASAS PATRIMONIALES

A pesar de la supresión que la reforma del Código Civil hace de los bienes dotales y parafernales, la existencia, en la actualidad, de bienes del marido, bienes de la mujer y bienes comunes, sigue planteando importantes problemas en cuanto a las relaciones de carácter económico, y en consecuencia jurídico, que se dan entre las distintas masas patrimoniales.

El legislador ha pretendido mantener, en primer lugar, el valor económico de cada una de estas masas, evitando que la transmisión de bienes y derechos de unas a otras pueda implicar un enriquecimiento de unas con el consiguiente empobrecimiento de las otras, lo que pretende conseguir a través de la aplicación del que llamamos principio de reintegración entre las masas patrimoniales.

1. Principio de reintegración entre las masas patrimoniales

Efectivamente, dicho principio se refleja en el artículo 1.346, según el cual los bienes adquiridos a costa o sustitución de bienes privativos y los instrumentos necesarios para el ejercicio de la profesión u oficio, salvo cuando éstos sean parte integrante o pertenencias de un establecimiento o explotación de carácter común, no perderán el suyo de privativos por el hecho de que su adquisición se haya realizado con fondos comunes; *pero en este caso la sociedad será acreedora del cónyuge propietario por el valor satisfecho.* Por otra parte, según el artículo 1.347-4.º, son gananciales los bienes adquiridos por derecho de retracto de carácter ganancial, aunque lo fueran con fondos privativos, en cuyo caso hay que tener en cuenta que *la sociedad será deudora del cónyuge por el valor satisfecho.* En materia de mejora hecha en bienes privativos con inversión de fondos comunes o debida a la actividad de cualquiera de los cónyuges, la *sociedad será acreedora del aumento del valor* que los bienes tengan como consecuencia de la mejora, al tiempo de la disolución de la sociedad o de la enajenación del bien mejorado.

Vemos, por lo tanto, que en todos estos casos debe producirse una compensación entre las distintas masas patrimoniales, para evitar que se produzca un enriquecimiento sin causa en favor de una de ellas y en perjuicio de la otra. Pero esto son aplicaciones concretas del que hemos dado en llamar principio de reintegración entre las masas patrimoniales. La regla general se halla contenida en el artículo 1.358, que establece que «cuando conforme a este Código los bienes sean privativos o gananciales, con independencia de la procedencia del caudal con que la adquisición se realice, habrá de reembolsarse el valor satisfecho a costa respectivamente del caudal común o del propio, mediante *el reintegro de su importe actualizado al tiempo de la liquidación*».

En materia de derecho de obligaciones, el artículo 1.364 establece que «el cónyuge que hubiere aportado bienes privativos para los gastos o pagos que sean a cargo de la sociedad, tendrá derecho a *ser reintegrado del valor a costa del patrimonio común*».

Según el artículo 1.390, «si como consecuencia de un acto de administración o de disposición llevado a cabo por uno solo de los cónyuges hubiese éste obtenido un beneficio o lucro exclusivo para él u ocasionado dolosamente un daño a la sociedad *será deudor a la misma por su importe,* aunque el otro cónyuge no impugne cuando proceda la eficacia del acto». El artículo 1.391 establece que «cuando el cónyuge hubiere realizado un acto en fraude de los derechos de su consorte será, en todo caso, de aplicación lo dispuesto en el artículo anterior, y, además, si el adquiriente hubiere procedido de mala fe, el acto será rescindible» [41].

También se pueden citar como manifestaciones de la reintegración entre las masas patrimoniales los artículos 1.373-2.° y 1.407 «in fine».

De todos estos artículos podemos inducir la existencia de un principio general de derecho familiar patrimonial, que denominamos principio de reintegración entre las masas patrimoniales, que es una consecuencia de la necesidad de mantener el equilibrio entre las mismas, evitando que a través del trasvase de bienes y capitales pueda resultar enriquecido un patrimonio en perjuicio de otro.

2. Principio de actualización de valor

El Código Civil, en su redacción originaria, no se plantea problema alguno en orden al aumento de valor de los bienes como consecuencia de la depreciación monetaria. La mentalidad de la sociedad española y,

41 *Confer.* Lacruz: *Op. cit., loc. cit.,* pág. 61.

naturalmente, de los redactores del Código, estaba estructurada en este punto de manera muy distinta a la del español actual. El hombre de 1880 pensaba, vivía y se movía en una situación de estabilidad económica; la proyección de tal mentalidad en el Código Civil es clara. Por otra parte, los historiadores afirman que en aquel momento la sociedad estaba muy lejos de la psicosis que actualmente vivimos de la continua alza de precios y el consiguiente miedo ante la depreciación del dinero. Incluso parece que la tendencia era favorable a la revalorización monetaria; entre 1870 y 1895 se produce, de una parte, un incremento en la oferta mundial de productos alimenticios e industriales, debido a que ciertos jóvenes países comienzan a explotar a fondo sus recursos agrícolas y ganaderos (Estados Unidos, Canadá, Australia, Argentina, etc.), y otros han alcanzado un alto grado de industrialización (Alemania, Inglaterra, Estados Unidos). Como consecuencia de este aumento en los bienes de todo orden lanzados al mercado mundial van a escasear los medios internacionales de pago, es decir, el oro, lo que provoca un descenso casi continuo de los precios; este descenso será frenado a partir de 1895 por el descubrimiento de los yacimientos auríferos del Transvaal [42].

En aquel momento no parece posible que el nominalismo apareciera como una toma de postura frente a la doctrina valorista. La razón está en que en un período de estabilidad no hay contraposición entre el valor nominal y real del dinero, puesto que se mantienen coincidentes a lo largo del tiempo. Por ello,

[42] Urbieto, Regla, Jover: *Introducción a la Historia de España,* Barcelona, 1963, págs. 593 y 594, citados por Torralba Soriano en «Las recompensas entre las masas patrimoniales y la depreciación monetaria, en *Revista Crítica de Derecho Inmobiliario,* 1971, pág. 558.

el principio nominalista resulta en tales épocas más conveniente y no lleva consigo la contrapartida de las consecuencias dañosas derivadas de la depreciación continua que caracteriza nuestro tiempo. Aquí se encuentra la explicación al hecho de que en ningún momento el Código Civil dé relevancia a las alteraciones de precios y que, cuando se refiera a ellas, lo haga tanto en el sentido de alza como en el de baja (artículos 1.478-1.° y 1.754-2.°). Parece, según lo anterior, que el legislador pensaba siempre en oscilaciones ocasionales que no suponían una alteración extraordinaria del equilibrio de las prestaciones ni implicaban una excesiva onerosidad para ninguna de las partes [43].

Estas ideas se proyectan en la regulación que el Código hace del régimen económico matrimonial y concretamente en materia de restitución de la dote [44].

En la actualidad la situación es totalmente distinta; la caída del valor adquisitivo de la moneda es evidente y constituye una preocupación de los poderes públicos y de los particulares, que ven que cada día su dinero vale menos. Como no podía menos de suceder, esta situación ha influido en el legislador de 1981. El artículo 1.397, al determinar la composición del activo ganancial, se refiere en su número segundo al *importe actualizado* del valor que tenían los bienes al ser enajenados por negocio ilegal o fraudulento si no hubieran sido recuperados, y en el ter-

[43] Torralba Soriano: *Op. cit., loc. cit.*, págs. 558 y ss.

[44] El antiguo artículo 1.366 establecía que «la restitución de la dote estimada se hará entregando el marido o sus herederos a la mujer o a los suyos el *precio en que hubiere sido estimada al recibirla el marido...*».

Y el también artículo 1.367 determinaba que «los bienes inmuebles de la dote inestimada se restituirán en el estado en que se hallaren, y si hubieren sido enajenados, se entregará *el precio de la venta...*».

cero, al *importe actualizado* de las cantidades pagadas por la sociedad que fueran de cargo sólo de un cónyuge y, en general, las que constituyen créditos de la sociedad contra éste.

El artículo 1.398, relativo al pasivo de la sociedad, se refiere en su número segundo al *importe actualizado* del valor de los bienes privativos cuando su restitución deba hacerse en metálico por haber sido gastados en interés de la sociedad, y en el tercero, al *importe actualizado* de las cantidades que, habiendo sido pagadas por uno solo de los cónyuges, fueran de cargo de la sociedad y, en general, las que constituyan créditos de los cónyuges contra la sociedad.

En el mismo sentido, el artículo 1.358 se refiere al *importe actualizado al tiempo de la liquidación,* y el 1.359, párrafo 2.°, al aumento del valor de los bienes *al tiempo de la disolución de la sociedad o de la enajenación del bien mejorado.*

De todos estos preceptos se desprende una tendencia que no dudamos en calificar de principio, pues se refleja en otras disposiciones, del nuevo Derecho de Familia: es el principio de actualización del valor que observamos en los preceptos expuestos.

3. Protección de los intereses personales de los cónyuges

Diversos preceptos de la nueva ley se caracterizan por su tendencia a proteger los intereses personales de los cónyuges, tratando de no perjudicar, naturalmente, los derechos de la familia y de la comunidad conyugal.

El artículo 1.382 señala que «cada cónyuge podrá, sin el consentimiento del otro, pero siempre con su conocimiento [45], tomar como anticipo el numerario

[45] V, artículo 1.393-4.°

ganancial que le sea necesario, de acuerdo con los usos y circunstancias de la familia, para el ejercicio de su profesión o la administración ordinaria de sus bienes». El numerario ganancial, a que se refiere el artículo transcrito, puede estar en poder del cónyuge que lo necesite o bien de su consorte, en cuyo caso podrá reclamar que le entregue la porción correspondiente. En el primer supuesto, será necesario poner en conocimiento del otro cónyuge la circunstancia de haber tomado la cantidad necesaria y el importe de ésta. La prueba de conocer la existencia del anticipo el otro cónyuge, podrá realizarse por cualquiera de los medios admitidos en derecho. Es necesario que la finalidad del anticipo esté relacionada con el ejercicio profesional o la administración ordinaria de los bienes, no siendo admisible cualquier otra finalidad distinta. Tanto la necesidad como el importe de la suma anticipada, se determinará en función de los usos y circunstancias de la familia, concepto éste muy relativo que queda sometido a la apreciación del intérprete y especialmente del Juez.

El artículo 1.406 concede un derecho de preferencia en favor de los cónyuges en caso de liquidación de la sociedad de gananciales, sobre los bienes que señala. Establece que «cada cónyuge tendrá derecho a que se incluyan con preferencia en su haber, hasta donde éste alcance: 1.º Los bienes de uso personal no incluidos en el número 7 del artículo 1.346 (ropas y objetos de uso personal que no sean de extraordinario valor)». 2.º La explotación agrícola, comercial o industrial que hubiera llevado con su trabajo. 3.º El local donde hubiese venido ejerciendo su profesión. 4.º En caso de muerte del otro cónyuge, la vivienda donde tuviese la residencia habitual. El artículo 1.407 dice que «en los casos de los números 3 y 4 del artículo anterior podrá el cónyuge pedir a su elección que se le atribuyan los bienes en propiedad o que se constituya sobre ellos a su favor un derecho de uso o habitación. Si el valor de los bienes o el derecho superara al del haber del cónyuge adjudicatario, deberá éste abonar la diferencia en dinero».

Destaquemos que el artículo 1.406 atribuye un derecho y que, por tanto, no es de obligatorio ejercicio, de manera que no impedirá que en el haber de cada cónyuge se incluyan bienes distintos, de acuerdo con las reglas generales de la liquidación, si el titular lo acepta.

Si entre los bienes gananciales existe una explotación agrícola, comercial o industrial que uno de los cónyuges hubiera llevado con su trabajo o el local donde hubiera venido ejerciendo su profesión, podrá, según el artículo 1.407, pedir que se le atribuya, bien en propiedad, bien en régimen de uso o habitación sin perjuicio del abono en su caso de las diferencias en dinero.

En este último supuesto, la propiedad nuda se adjudicará al otro cónyuge o a sus herederos, que podrán disponer plenamente de ella con subsistencia de la carga. No así el cónyuge adjudicatario, cuyo derecho de uso o habitación es inalineable por disposición de la ley (art. 525). La facultad de decidir entre la adjudicación de los bienes en propiedad, en uso o habitación, corresponde al cónyuge adjudicatario.

Según señala Lacruz Berdejo [46], el problema más inmediato del derecho de «predetracción» es el de valorar imparcialmente los objetos singulares atribuidos al cónyuge que los pretende en virtud del artículo 1.406, y, en particular, el derecho de habitación a que se refiere el artículo 1.407. Mientras sea posible, se asignarán al otro cónyuge o a sus herederos

46 *Op. cit., loc. cit.,* pág. 69.

bienes de análoga naturaleza o, en todo caso, valorados con el mismo criterio.

4. Fortalecimiento del principio de responsabilidad

La nueva redacción del Código Civil acentúa la responsabilidad de la sociedad de gananciales en diferentes supuestos, estableciendo incluso un caso de responsabilidad real y otro de responsabilidad solidaria.

Según el artículo 1.365, «los bienes gananciales responderán directamente frente al acreedor de las deudas contraídas por un cónyuge: 1.º En el ejercicio de la potestad doméstica o de la gestión o disposición de gananciales, que por ley o por capítulos le corresponda. 2.º En el ejercicio ordinario de la profesión, arte u oficio o en la administración ordinaria de los bienes propios. Si el marido o la mujer fueren comerciantes, se estará a lo dispuesto en el Código de Comercio» [47].

La invocación de la potestad doméstica plantea la duda de si ésta, para comprometer los bienes gananciales, ha de entenderse en el sentido de referirse a las necesidades ordinarias de la familia. Seguramente ordinarias no quiere decir en el referido precepto, simplemente normales con arreglo a su nivel de vida, sino, en cierto modo, cotidianas o periódicas, y a la vez, de trascendencia económica corriente, de manera que la compra a crédito de un vehículo, o acaso de un electrodoméstico necesario, u otros bienes de equipo del hogar representan un gasto extraordinario que requiere para comprometer los bienes del otro cónyuge, siquiera subsidiariamente, el asentimiento de éste; y para obligar a los gananciales, que sea carga de la comunidad [48].

[47] Véanse artículos 6 a 12 del Código de Comercio.
[48] Lacruz: *Op. cit., loc. cit.*, pág. 45.

El artículo 1.367 determina que «los bienes gananciales responderán, en todo caso, de las obligaciones contraídas por los dos cónyuges conjuntamente o por uno de ellos con el consentimiento expreso del otro». La doctrina que emana de este artículo es tan clara que creemos innecesario realizar comentario alguno.

Según el artículo 1.368, «también responderán los bienes gananciales de las obligaciones contraídas por uno solo de los cónyuges en caso de separación de hecho para atender a los gastos de sostenimiento, previsión y educación de los hijos que estén a cargo de la sociedad de gananciales». O sea, que se hace directamente responsables a los bienes gananciales por las deudas contraídas por el cónyuge que conserva a los hijos en su compañía, en atenciones de los hijos y posiblemente del hogar conyugal, quedando así dotado el cónyuge separado de un crédito ante los proveedores que podría faltarle de otro modo. El precepto nada establece sobre la relación interna, sobre la obligación de contribuir a los gastos familiares que se resuelve con arreglo a las normas generales, pero sin estar obligado el cónyuge inocente a contribuir a los alimentos del culpable, y éste sí a los del cónyuge que continúa viviendo en el hogar familiar o que ha sido obligado a salir de él contra su voluntad. Es decir, que para este cónyuge sigue rigiendo el artículo 1.362-1.°, y se amplía, además, la responsabilidad de los bienes conyugales a todos los gastos de sostenimiento, previsión y educación de los hijos, sean ordinarios o extraordinarios y, por tanto, a los gastos domésticos extraordinarios a favor de aquéllos [49].

El caso de responsabilidad real a que anteriormente nos referíamos, lo regula el artículo 1.370, según el cual «por el precio aplazado del bien ganancial ad-

[49] Lacruz: *Op. cit., loc. cit.*, pág. 48.

quirido por un cónyuge sin el consentimiento del otro responderá siempre el bien adquirido, sin perjuicio de la responsabilidad de otros bienes, según las reglas de este Código».

Como observa Lacruz, la norma es de absoluta justicia, pues sin ella, desde el momento en que cualquier bien adquirido constate matrimonio a título oneroso y pagado el primer plazo con bienes gananciales tiene la consideración de común, no sería responsable de su propio precio, y el acreedor se vería obligado a deshacer la operación en virtud del artículo 1.124, cuando acaso lo que pretendía era cobrar el precio restante [50].

El artículo 1.366 traslada a la sociedad de gananciales la responsabilidad extracontractual de uno de los cónyuges como consecuencia de su actuación en beneficio de la comunidad conyugal o en el ámbito de la administración de los bienes, salvo si fuesen debidas a dolo o culpa grave del cónyuge deudor.

Entendemos que a la palabra dolo hay que atribuirle el mismo sentido que a la palabra culpa concede el artículo 1.902 del Código Civil y a la palabra culpa grave hay que atribuirle el sentido que la palabra negligencia tiene en el mismo artículo, ello equivale a limitar el ámbito del artículo 1.366 al caso de culpa leve [51].

50 *Op. cit., loc. cit.,* pág. 46.

51 Dice Lacruz Berdejo que el dolo del deudor acaso no se refiere a la mera intención de delinquir, sino a la intención de causar daño a la comunidad conyugal, y la culpa grave paralelamente significa que con el acto delictivo el autor ha puesto en riesgo notable los intereses comunes. Sobre todo no piensa que pueda apreciarse el dolo cuando ambos cónyuges son conscientes del delito que comete uno de ellos en la gestión de asuntos o negocios que producen sus beneficios para el consorcio. Es el caso más frecuente en las infracciones de leyes de tasas y fiscales. Como hemos visto no participamos de esta opinión.

Por último, el artículo 1.369 señala que «de las deudas de un cónyuge que sean, además, deudas de la sociedad responderán también solidariamente los bienes de ésta».

El artículo 1.369 constituye una excepción a la regla general contraria a la responsabilidad solidaria vigente en nuestro Derecho Civil al amparo del artículo 1.137 del Código.

El precepto transcrito encuentra su aplicación en aquellos casos en los que la deuda ha sido contraída conjuntamente por ambos cónyuges, casos en los que cada uno de ellos responde por mitad y solidariamente ambos con la masa ganancial que responde de la totalidad (artículos 1.363 y 1.367).

VI. DISOLUCION Y LIQUIDACION

La nueva regulación distingue implícitamente entre dos tipos de causas de disolución de la sociedad de gananciales. Unas de carácter legal que producen por sí mismas la extinción y otras que teniendo el mismo carácter únicamente producen la extinción cuando, apoyándose en ellas, lo decide la autoridad judicial.

En cuanto a la liquidación, se caracteriza por una mayor simplicidad debido a la efectiva actuación del principio de equiparación entre los cónyuges (desaparición de la dote y de los parafernales y establecimiento de un sistema igualitario entre los esposos en orden a la administración y disposición de los bienes).

Consideramos como líneas generales de la nueva regulación en materia de disolución y liquidación las siguientes:

1.º La admisión de nuevas causas de extinción.
2.º El reconocimiento de un orden de prelación de créditos, también nuevo.
3. Aproximación al derecho sucesorio.

1. Admisión de nuevas causas de extinción

El artículo 1.373 establece que «cada cónyuge responde con su patrimonio personal de las deudas propias y, si sus bienes privativos no fueran suficientes para hacerlas efectivas, el acreedor podrá pedir el embargo de los bienes gananciales, que será inmediatamente notificado al otro cónyuge y éste podrá exigir que en la traba se sustituyan los bienes comunes por la parte que ostenta el cónyuge deudor en la sociedad conyugal, en cuyo caso el embargo llevará consigo la disolución de aquélla».

Para que el cónyuge no deudor pueda solicitar que en la traba se sustituyan los bienes comunes por la parte que ostenta el cónyuge deudor en la sociedad conyugal es necesario:

1.º Que se trate de deudas propias.
2.º Que los bienes privativos no sean suficientes.
3.º Embargo de bienes gananciales a petición del acreedor.
4.º Notificación al cónyuge no deudor del embargo.
5.º Petición de éste.

El requisito de la notificación al cónyuge no deudor no tiene más finalidad que poner en situación de conocimiento a éste, por lo que su falta no impedirá su petición de que se sustituyan los bienes comunes por la parte de gananciales correspondiente al cónyuge deudor.

En todo caso la aplicación a este derecho que se atribuye al cónyuge no deudor supone necesariamente la disolución de la sociedad de gananciales y, como consecuencia de la misma, la implantación del régimen de separación conforme a lo dispuesto en los artículos 1.347 y 1.435, 3.º

El artículo 1.393 dice que «también concluirá por decisión judicial la sociedad de gananciales, a petición de uno de los cónyuges, en alguno de los casos siguientes:

1.° Haber sido el otro cónyuge judicialmente incapacitado, declarado ausente o en quiebra o concurso de acreedores, o condenado por abandono de familia. Para que el Juez acuerde la disolución bastará que el cónyuge que la pidiere presente la correspondiente resolución judicial.

2.° Venir el otro cónyuge realizando por sí solo actos dispositivos o de gestión patrimonial que entrañen fraude, daño o peligro para los derechos del otro en la sociedad.

3.° Llevar separado de hecho más de un año por acuerdo mutuo o por abandono del hogar.

4.° Incumplir grave y reiteradamente el deber de informar sobre la marcha y rendimientos de sus actividades económicas.

En cuanto a la disolución de la sociedad por el embargo de la parte de uno de los cónyuges por deudas propias se estará a lo especialmente dispuesto en este Código».

Los supuestos de incapacitación y ausencia estaban ya reconocidos en la legislación anterior, juntamente con los regulados actualmente en el artículo 1.392. Los restantes son introducidos por la reforma de 1981.

La persistencia de una mala administración que ponga en peligro los intereses de la familia es causa suficiente para provocar la disolución de la comunidad, a petición del otro cónyuge. Los actos de uno de los cónyuges perjudiciales a los derechos del otro no siempre han de ser actos de gestión de los bienes gananciales, sino que pueden serlo de los bienes propios, habida cuenta de que los frutos de éstos tienen la consideración de gananciales. No es necesaria la existencia de dolo ni de negligencia.

Lógicamente, la disolución de la comunidad persistiendo el matrimonio lleva como consecuencia la aplicación del régimen de separación (artículo 1.435-3.º), a no ser que se establezca otro en capitulaciones matrimoniales.

2. Reconocimiento de un nuevo orden de prelación de créditos

El Código Civil, en su redacción originaria, se ocupaba de esta materia en los artículos 1.421 al 1.424. El actual artículo 1.399 simplifica la cuestión al ordenar que«terminado el inventario se pagarán en primer término las deudas de la sociedad, comenzando por las alimenticias, que en cualquier caso tendrán preferencia. Respecto a las demás, si el caudal inventariado no alcanzase para ello, se observará lo dispuesto para la concurrencia y prelación de créditos (véase artículos 1.911 y siguientes).

«Pagadas las deudas y cargas de la sociedad se abonarán las indemnizaciones y reintegros debidos a cada cónyuge hasta donde alcance el caudal inventariado, haciendo las compensaciones que correspondan cuando el cónyuge sea deudor de la sociedad» (artículo 1.403).

«Hechas las deducciones en el caudal inventariado que prefijan los artículos anteriores, el remanente constituirá el haber de la sociedad de gananciales, que se dividirá por mitad entre marido y mujer y sus respectivos herederos» (artículo 1.404.).

«Si uno de los cónyuges resultare en el momento de la liquidación acreedor personal del otro, podrá exigir que se le satisfaga su crédito adjudicándose bienes comunes, salvo que el deudor pague voluntariamente» (artículo 1.405).

«Cuando no hubiera metálico suficiente para el pago de las deudas, podrán ofrecerse con tal fin adjudicaciones de bienes gananciales, pero si cualquier partícipe o creedor lo pide se procederá a enajenarlos y pagar con su importe» (artículo 1.400).

3. Aproximación al derecho sucesorio

Habida cuenta de la extensión y prolijidad con que el Código Civil regula la partición de la herencia y disolución de la comunidad hereditaria y teniendo en cuenta también la analogía entre la disolución y liquidación de la sociedad de gananciales y la partición de la herencia, el artículo 1.410 ordena que «en todo lo no previsto en este capítulo sobre formación de inventario, reglas sobre tasación y ventas de bienes, división del caudal, adjudicaciones a los partícipes y demás que no se halle expresamente determinado se observará lo establecido para la partición y liquidación de la herencia» (artículos 1.051 y siguientes).

El artículo 1.402 establece que «los acreedores de la sociedad de gananciales tendrán en su liquidación los mismos derechos que les reconocen las leyes en la partición y liquidación de las herencias». Estos derechos son los establecidos en los artículos 1.082 a 1.087 del Código Civil.

VII. JUICIO CRITICO

Lo primero que observamos al examinar la ley de 13 de mayo de 1981 es la falta de una exposición de motivos. Ello nos parece francamente censurable no sólo porque rompe una larga tradición histórica, sino también porque son enormemente útiles como elemento interpretativo y más si tenemos en cuenta el artículo 3.° del Código Civil, que tanto hincapié hace en la realidad social del tiempo en que han de ser aplicadas las leyes y en su espíritu y finalidad, realidad y finalidad que suelen ser los elementos que aquéllas ponen más de relieve. Sirvan de ejemplo las magníficas exposiciones de motivos de nuestras Leyes Hipotecarias y por referirnos al mismo Código Civil las de las reformas de 24 de abril de 1958 o de 2 de mayo de 1975.

Dejar a la voluntad de los contrayentes la fijación del momento inicial de la sociedad de gananciales era una consecuencia inevitable del criterio seguido por la Ley de 1975 al permitir la modificación de las capitulaciones matrimoniales y del régimen de bienes durante el matrimonio. Indudablemente pueden plantarse problemas en relación, especialmente, con los derechos de terceras personas, pero éstos problemas pueden resolverse con un buen sistema de publicidad de los regímenes matrimoniales a través de un Registro de Capitulaciones. El sistema de publicidad vigente nos parece francamente insuficiente y puede crear una desagradable situación de inseguridad jurídica.

La introducción del sistema de administración y disposición conjunta es una consecuencia del principio de equiparación que acepta en la actualidad del Código Civil. Desde un punto de vista teórico nada hay que objetar a ese deseo de igualdad entre los cónyuges, pero el desarrollo del mismo en la Ley plantea numerosas dudas, fruto principalmente de las excepciones admitidas a la regla general de concurrencia. Por otra parte, la aplicación de la sanción de nulidad a los actos gratuitos realizados sin el consentimiento de uno de los cónyuges (artículo 1.378) y de anulabilidad a los onerosos (artículo 1.377 en relación con el 1.322) nos parece falta de la más elemental técnica jurídica: la ausencia de consentimiento (y el consentimiento falta cuando interviene uno sólo de los cónyuges en los actos que exigen la concurrencia de ambos) no puede dar lugar a la nulidad ni a la anulabilidad, sino a la inexistencia (artículo 1.261). El acto realizado en tal caso con la intervención de uno solo de los cónyuges es inexistente, pero puede llegar a existir si se completa con el consentimiento del otro, mientras es un acto en vías de formación.

Por lo que se refiere a la frecuente intervención de la autoridad judicial, consideramos que es perjudicial para la familia, por introducir un elemento extraño a la intimidad que debe presidir la mayoría de las relaciones entre sus miembros y que a pesar del tacto y buena voluntad del Juez puede actuar más como elemento de desunión que de concordia, por su propia naturaleza. Ahora bien, concebidas las relaciones familiares patrimoniales como una yuxtaposición de intereses, la intervención judicial se impone necesariamente.

En cuanto a la regulación del carácter privativo o ganancial de los bienes nada tenemos que objetar. La conservación de la redacción primitiva de muchos preceptos nos parece un acierto. Consecuentemente hubiéramos preferido que la ley conservara la redacción de otros que manteniéndose idénticos en el fondo han sido alterados en su forma (la redacción originaria del Código difícilmente puede ser mejorada). En algún precepto hubiéramos deseado una mayor claridad.

Muy positiva parece la preocupación del legislador por evitar los enriquecimientos sin causa entre los distintos patrimonios mediante la aplicación del que hemos llamado principio de reintegración entre las masas patrimoniales, que se refleja en numerosos preceptos, tal vez con excesivo casuismo.

También estimamos positiva la actualización de valor de los bienes que con frecuencia exige la ley, si tenemos en cuenta la debilidad de la moneda y sus negativas consecuencias.

La remisión a las normas reguladoras de la partición en defecto de las específicas de disolución y liquidación de la sociedad de gananciales nos parece un acierto, dada la mayor amplitud de éstas en relación con las primeras.

Por último queremos destacar que las opiniones que hemos vertido a lo largo de nuestra exposición son eso: opiniones, estados de la mente cuando ésta se decide por una tesis, pero con temor de equivocarse y no desechado completamente la otra u otras y que, por lo tanto, estamos dispuestos a modificar en cuanto se nos demuestre que nuestra postura no es la más acertada.

VIII. TABLAS

1. De correspondencias

Concordancias y discordancias entre artículos vigentes y derogados:

Artículos vigentes		*Artículos derogados*
1.344	... ...	1.392
1.345	... ...	1.393
1.346	... ...	1.396
1.347	... ...	1.401
1.348	... ...	1.402
1.349	... ...	1.403-1.°
1.350	... ...	1.405
1.351	... ...	1.406
1.359	... ...	1.404
1.361	... ...	1.407
1.362	... ...	1.408
1.363	... ...	1.409
1.371	... ...	1.411
1.372	... ...	1.411
1.373	... ...	1.410

Artículos vigentes		*Artículos derogados*
1.375	... ...	1.412
1.376	... ...	1.413
1.377	... ... 1.413 y	1.416
1.378	... ...	1.415
1.379	... ...	1.414
1.380	... ...	1.414
1.381	... ...	1.401-3.°
1.387	... ...	1.441
1.388	... ...	1.441
1.389	... ... 1.442 y	1.444
1.392	... ...	1.417
1.393	... ...	1.433
1.396	... ... 1.418 y	1.434
1.399	... ... 1.421 a	1.424
1.403	... ...	1.423
1.404	... ...	1.426
1.408	... ...	1.430
1.409	... ...	1.431

2. De concordancias

Entre artículos vigentes:

Artículos		*Artículos*
1.344	... ...	1.435
1.345	... ... 1.326, 1.331, 1.332,	1.333
1.347	«in fine»	1.354
1.349	... ... 1.802 y	sigtes.
1.351	... ... 1.789 y	sigtes.
1.352	 92,	L. S .A.
1.353	 637-	2.°
1.354	... ... 1.347-5.° y	1.357
1.356	... ...	1.357
1.357	... ...	1.356
1.358	... ... 1.373-2.°, 1.390, 1.391,	1.407
1.365	... ... 6 a 12,	C. de C.
1.366	... ... 1.902 y	sigtes.

Artículos	*Artículos*
1.373	1.393 «in fine»
1.374	1.435 y sigtes.
1.376	1.377
1.377	1.376 y 1.389
1.379	667 y sigtes. y 1.380
1.381	1.362 y sigtes.
1.389- 2.º	1.377
1.390	1.391
1.391	1.390
1.393 «in fine»	1.373
1.394	1.415
1.395	1.415
1.397- 2.º y 3.º	1.398- 2.º y 3.º
1.398- 2.º y 3.º	1.397- 2.º y 3.º
1.402	1.082 y sigtes.
1.406- 3.º y 4.º	1.407
1.410	1.051 y sigtes.